濟南出版社

傳世典籍叢書

〔清〕任弘遠／撰

趵突泉志

圖書在版編目（CIP）數據
趵突泉志 /（清）任弘遠撰 . -- 濟南 : 濟南出版社 ,
2024. 7. --（傳世典籍叢書）. -- ISBN 978-7-5488
-6592-6
Ⅰ . K928.4
中國國家版本館 CIP 數據核字第 2024LM2033 號

趵突泉志
BAOTUQUAN ZHI
〔清〕任弘遠 / 撰

出 版 人　謝金嶺
出版統籌　葛　生　張君亮
責任編輯　趙志堅　李文文
裝幀設計　戴梅海

出版發行　濟南出版社
地　　址　濟南市二環南路一號（250002）
總 編 室　0531-86131715
印　　刷　山東黄氏印務有限公司
版　　次　2024 年 7 月第 1 版
印　　次　2024 年 7 月第 1 次印刷
開　　本　160mm×230mm 16 開
印　　張　19
書　　號　ISBN 978-7-5488-6592-6
定　　價　76.00 元

如有印裝質量問題 請與出版社出版部聯繫調换
電話：0531-86131736

《趵突泉志》出版説明

爲深入學習貫徹黨的二十大精神，認真落實習近平總書記關于推動中華優秀傳統文化創造性轉化、創新性發展的重要指示要求，貫徹落實濟南市委『强省會』戰略及全面提升城市軟實力、推動文化『兩創』工作的要求，濟南出版社推出濟南文脉整理與研究工程《泉城文庫》。《傳世典籍叢書》是《泉城文庫》之一種，包含歷史上有重大影響力的濟南先賢著述以及其他地區人士撰寫的有關濟南的重要著作，有着較高的學術研究價值，對我們傳承傳統文化、樹立文化自信具有重要的意義。

《趵突泉志》二卷，清任弘遠撰，清乾隆七年刻本。任弘遠，字仔肩，號濼湄，歷城人，清初諸生，擅詩，有《鵲華山人詩集》一卷。新城王士禛稱其詩云：『七言律純乎晚唐，在趙嘏、劉滄之間。至《無題》諸篇，可奪温、李之席。吾最愛其「春草碧色」一什，既能賦題，又能攄意，可稱「春草秀才」。』謂可與王苹齊名，黄葉、春草足以輝映後先也。是書乃歷下趵突泉之專志。上卷爲目十一，曰宸游、圖經、源流、基址、沿革、古迹、灾异、人物、仙迹、幽怪、傳聞。下卷爲目三，曰藝文、碑版、額聯。其自叙云：『首紀聖祖游幸御製詩并所題碑版，復取《爾雅》、《山海經》、《通鑒》、《名山記》、《寰宇記》、《水經注》、古今詩文及歷代沿革、天文、仙釋諸編，成書二帙。凡泉之所有者悉所存，泉之所無者在所删。藏之篋笥，不敢問世。恭逢今上御極之年，召修天下古迹，于是啓諸舊藏，復加精勘。』其取材之富，于此具見。濟南素稱泉城，名泉七十二，以趵突居首，有『天下第一泉』之譽。歷來名賢高齋之經營，游人騷士之題咏，或見諸史乘，或載之别集，不可謂不富。然綴錦摘綉，裒爲專志者，僅此一編，則寶貴可知矣。惟原書校讎未精，多有錯訛缺略，未足以稱善本也。

濟南出版社

二〇二四年七月

目録

下卷

續修趵突泉志叙言

宇內名山大川其載在圖經者不下萬計求其爲學士之所標題名卿之所記載者亦不過十之一二耳外此或湮沒於草莽或僻處於遐方所在多有若其屢邀翠華之臨幸頻沾宸翰之飛洒能與五嶽四瀆爭勝於天下豈不戛戛乎難之哉惟吾歷趵突泉處於會城之外易爲履齒所經故宋之曾子固元之趙子昂金之元遺山明之李對泉此歌咏其勝槩彼修復其名區固與處幽野而埋荆榛者不可同日而語迨我朝

聖祖仁皇帝臨幸者三品題至再至今天章高懸輝映於
水湄之間又非天下山水所敢望雖磨石紀事可傳於奕
禩然風雨之薄蝕久而必蔽其貞珉之存者固有以知之
倘歷年久遠物換境遷終未若書之簡編者爲尤愈余乃
不揣剪陋于康熙癸巳春發凡起例首記
聖祖遊幸御製詩並所題碑牌復取爾雅山海經通鑑名
山記寰宇記水經注古今詩文歷代沿革天文仙釋諸編
成書二帙分爲上下列目十四有源有流有興有廢有藝
文有人物有災祥有仙蹟凡泉之所有者悉所存泉之所

無着在所删藏之篋笥不敢問世竊以山左文學之鄉歷
下詩人之地豈無名公輩以成巨典得稱草創之人爲幸
柰自癸巳至丁巳閱年二十歷朝
三聖卒未有出而記之之人噫是終無人焉以肩斯任也
恭逢今
上御極之年召修天下古蹟特允巡塩御史三寶公之請
重修泉亭煥然改觀使不有以記之其泯没靈泉不過爲
吾鄉之一憾事至不能表彰　列聖好古之盛心與恩及
斯泉之至意其負罪不更大也哉於是啟諸舊藏復加精

勘雖不敢居作者之林爲繼宋元金明諸先生之後塵使

千百世而下知我朝德澤洋溢遍及於泉石岩壑之間或

亦賡揚

皇仁於萬一也云爾　旹

乾隆七年歲次壬戌七夕後四日歷下任弘遠仔肩甫

叙

趵突泉凡例

歷下任弘遠撰

一趵突泉舊原無誌就歷城誌所載充拓敷衍成書其發凡起例皆遵虎邱誌羅浮誌嵩山誌天台誌等書之例

一趵突泉詩文甚夥惟
聖祖仁皇帝御製詩乃帝典王謨獨標於首非歷代題咏可比餘皆入藝文部內

一趵突泉原有舊圖在歷城誌八景內但時代更移建置不一復繪二圖並舊爲三按圖而稽庶不失前代舊迹

一趵突泉凡現存樓閣亭臺皆入建置部內其有于古而沒于今僅有其名者悉載古跡部內

一趵突泉古今遊人甚衆凡有詩文與捐資修建者皆入人物部內惟

聖祖仁皇帝三次廵幸另有紀遊一章標于卷首

一趵突泉遊人以及詩文隨得隨載惟分世代並無前後次序觀者諒之

一趵突泉仙跡幽怪以及災異等事或本于歷志或聞于父老皆確有其事非敢語怪炫驚世人

一趵突泉碑版甚多古今賦咏亦衆以及匾聯題跋惟就現在於泉上與於耳目所及見者載之其剥蝕破碎家藏客本即有遺漏非闕删逸觀者諒之

一趵突泉詩宋元以上無考惟蘊頡濱檻泉詩遍覓不得缺以待補

一趵突泉雖予一人編纂其代爲採訪良友益我寔多並列姓氏不敢獨專厥功

一趵突泉叙事繪景皆引用前人典故一字不敢臆説

一葉奕繩先生修歷城誌凡一巳詩文隻字不入今予作

趵突泉誌亦遵此例

趵突泉誌

歷下任弘遠撰

採訪姓氏

宋凝西沄沁　高右召詔　林木公培

蘇華岩衡　申書升士秀　孫儕鶴履潔

崔又鶴景灝　劉伍寬蒲若　王子慶永禎

張澄秋永清　楊漢文天章　劉捷三永嘉

紀兆瑞子麟

繪圖姓氏

前明周準齋先生繩　國朝周繩武世德　陳子顯嘉樂

繕寫　侄夢菊九嶺

校字　侄夢龍雲客

男夢雪仙客

趵突泉誌目録

卷上　歷下任弘遠撰

趵突泉誌

草莽臣　任弘遠恭紀

宸遊

叙曰曷誌乎　宸遊也爲趵突泉紀幸也何幸乎爾幸乎
聖祖仁皇帝之駐蹕留題也蓋宇內一邱一壑苟得名士之遊覽文人之標題足以擅奇於古今不致湮没於耳目況　翠華三至

泉水添波　宸翰頻留池沼增盛而趵突

一泉不直與五嶽之尊同邀寵於

天王四瀆之廣共被恩於奕禩乎是以幸焉爾

作

宸遊誌

康熙甲子十月初八日

駕抵濟南戒有司清蹕除道士民爇香跪迎塡

咽街衢先幸趵突泉御觀瀾亭

命內侍衛以銀碗汲泉水
飲之飲畢書激湍二字
御製詩一首
十畝風潭曲。亭間駐羽旂。鳴濤飄素練。迸水
濺珠璣。汲杓旋烹鼎。侵堦暗濕衣。似從銀漢
落。噴作瀑泉飛。又
命扈從大臣明珠高士奇等各書二字
上見百姓瞻覲嵩呼聲聞隨問你們內中可有

秀才應進亭子來講書無敢答應者[illegible]
鑾乘馬由正覺寺街進歷山門
駕經巡撫院衙門前隨出濼源門是晚駐蹕長
清杜家廟
康熙己巳正月十六日
聖駕至濟南幸趵突泉書潤物二字駐蹕巡撫
公署
御題作霖二字賜撫臣錢珏

聖駕隨過泰山南巡

康熙癸未正月二十四日

聖駕至濟南乘輦由

萬壽亭入濼源門

上駐蹕巡撫公署午晏畢

題書五言律一首賜撫臣王國昌起

駕出歷山門至趵突泉坐栢樹下

御書源清流潔四字賦詩一章

突兀泉聲湧浄波。東流遠近浴羲日。景[illegible]吟

泒白雲潔。不慮浮沙汙水渦。

命士民觀看隨起

駕晚

御宿杜家廟因學臣徐炯請

御書於白雪樓隨書學宗洙泗四字

駕隨南幸

趵突泉誌

圖經誌

趵突舊無圖經有之自明季周先生繩始也但時移勢遷蹟因人變今之泉亭於昔迥殊爰求山右周君繩武繪圖一卷今

皇上准鹽臣三寶公之請煥然改觀更異於昔若按古尋求反失趵突於今日又倩歷下陳生子顯繪爲今圖凡亭一榭一池一沼無不曲肖並新舊三圖冠之篇首庶幾頁烟霞之癖者不惟携圖策杖可得泉之勝槩而斯泉古昔之面目亦可長留於人間云作圖經誌

崇禎庚寅
歷下周縉寫
十一

十二
康熙甲午山右周經武寫

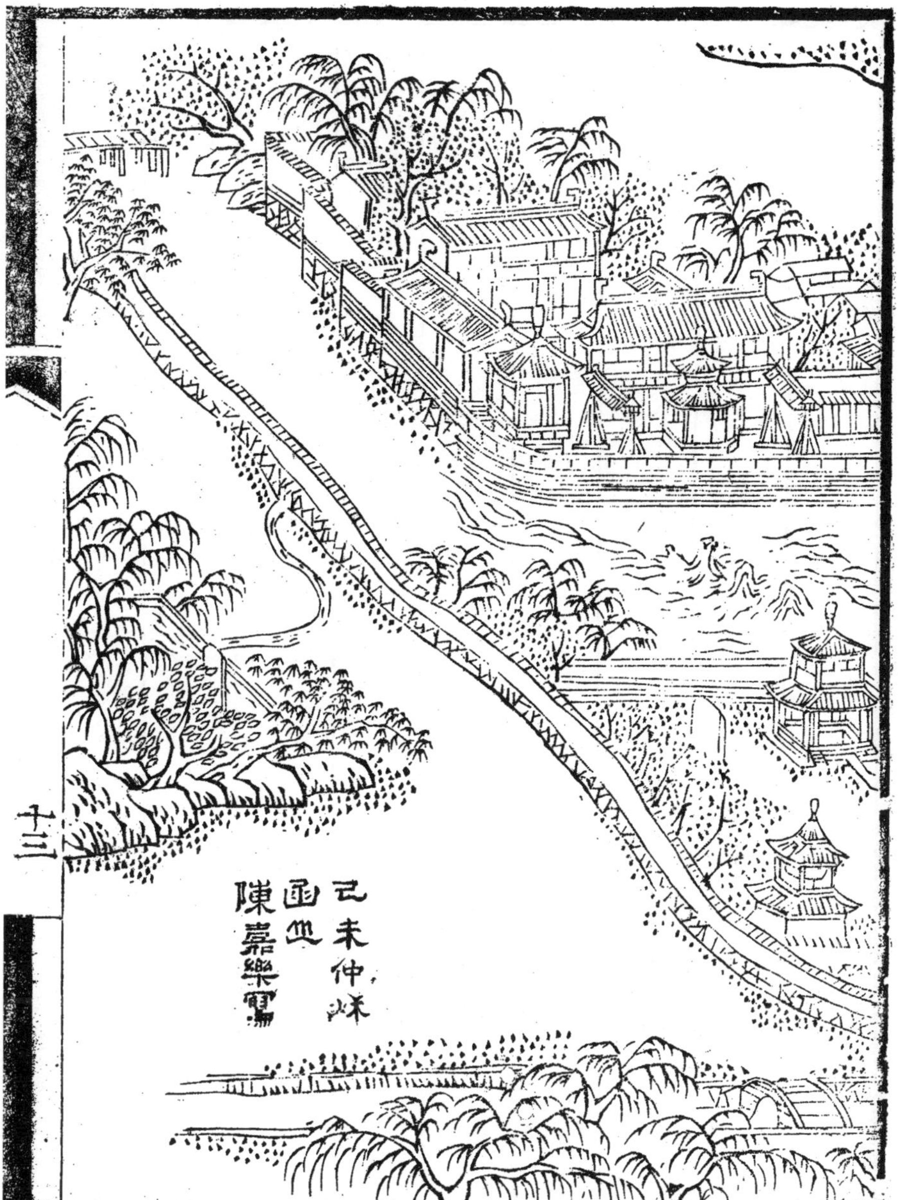
十三
己未仲秋
陳嘉樂寫

趵突泉誌卷一

歷下任弘遠撰

正字通趵跳躍貌突出見貌爾雅泉水本曰源泉正直上出曰檻泉從上溜下曰于泉湧出曰濆泉側出曰氿泉所出同所歸異曰肥泉異出同流曰瀵泉按此泉出見跳躍正直上出故名趵突云

源流誌

叙曰曷誌乎源流也誌乎趵突泉之發脉與歸宿也夫發脉與歸宿又何必誌也誌乎趵突泉發脉之遠與歸宿之大不同乎一杯之水行潦之觀也於是考史書閱水經歷

地勢採傳聞務得其源源之本與放海之墟也倘亦遊斯
泉者之所樂稽與作源流誌

邑誌曰岱陰之水奔流自縣西南六十里之黃山下滙爲池伏流至城西南發爲此泉又山堂肆考曰濟南府西有趵突泉其源出山西王屋山下而喬宇以王屋爲泉源而曾肇以岱陰爲泉源而不知二說皆一也山海經曰濟水出河東王屋山發源黑龍洞前太乙池初名沇水東出溫縣西北始名濟酈道元謂濟水在王莽時枯竭鄭樵通志亦曰濟水多涸竭至考

陸釴濟河源記乃知濟水勁疾能入地伏流隱見無常乃其本性非眞涸竭也濟水旣伏流地中則發地湧泉故一見爲濟源再見爲濼水三見爲山東諸泉水而溢爲大小清河愚按王屋者濟水之源而岱陰者趵突之源趵突特濟水之肢分而濟水乃趵突之鼻祖也

齊乘曰古濼水自華不注山東入大清河自僞齊劉豫導之東行爲小清河自歷城東逕章邱鄒平長山新城又會孝婦河東逕高苑博興合時水東北至馬車

瀆入海曲行幾五百里今海運久廢河道淤塞而其水復由華不注東北入大清河焉按小清既出於濼則是小清乃泉之下流矣何以聽水入大清處又名濼口愚按濼水自護城河轉折而北與城中湖水合至雙橋寺分爲二右水北出即齊乘所謂古濼水自華不注山入大清河者是也左水西逕歷城西北爲陂至五柳閘復折而南至硯溪村復向西名爲聽水又北流注於濟謂濼口即郡誌謂西北引水溉田餘波西注入大清謂聽水者是也蓋小清聽水皆泉之

下流云

趵突泉誌

基趾

歷下任弘遠撰

敘曰曷誌乎基趾也誌乎趵突泉之地也夫趵突泉之地何必誌也誌乎其地令來遊者可以杖策徑行也於是書其基趾焉其池沼使氷花晴雷直現於紙上亭臺樓閣並出於毫端墨客騷人不必徘徊而借問尋芳弔古無庸悵望以臨風基趾之書誰云可忽也作基趾誌

按泉在山東濟南府歷城縣城西南出濼源門由剪子巷迤南東轉即趵突也東鄰李滄溟先生白雪樓

御書亭南藥王廟西杜康泉東北金線泉廣輿記曰濟南府西趵突泉一名瀑流出山西王屋山下即此泉也水經注曰泉源平地涌三窟突起雪濤數尺聲如殷雷冬夏如一南望玉函諸山青如點黛北接金線諸泉明如鑑光圅寰中之絕勝古今之壯觀也邑誌標爲趵突一統志云濟南名泉七十二趵突爲上珍珠金線次之餘不能與三泉埒矣信然哉

趵突泉誌

建置誌

歷下任弘遠撰

敘曰曷誌乎建置也誌乎趵突泉之樓閣軒亭也夫樓閣軒亭似亦不必誌也誌乎建置之人與建置之年也抑建置之人與建置之年又似無庸誌也誌乎其人兼誌乎其年令後起者可踵事前人不致廢弛不治也於是誌樓閣之輝煌爲某也之經始誌橋梁之飛渡爲某也之重修以至於廻廊亭榭精舍池塘莫不悉書使千百年後有志斯泉者庶不至茫無所考等昆明之刼灰云爾於是作建置

誌

亭

在大門外係康熙四十三年內有救荒碑今廢

橋

在大門外

谿

在大門外由西來向東流

大門

南向

甬道
西年趙二公祠今廢
二門
三間
魚池
內蓄金魚今廢
橋
在池上
堂

原名玉壺取趙松雪平地湧出白玉壺之句後攺爲
漱玉舊額俱毀今係重修

三門

一門

魚池

内蓄金魚

橋

在池上

鐘樓

在池東

鼓樓

在池西

御書亭

內鐫

御書趙松雪詩

亭

此觀瀾也亭右有碑係天順五年建後邢子愿改爲

湧輪取水經注水如輪之句舊額俱毀今內懸

御題匾額及諸當道匾額

東徐公祠今廢

四門

樓

北向係滄溟先生讀書處萬曆間嶺南葉公另建傑
閣於泉東今內祀張仙今又改南向內祀戴原李公

坊

題蓬山舊蹟

橋

名來鶴明太守樊時英建

亭

名來鶴後移置呂仙閣西今建

御書亭

內鐫

御書口外山莊古風今移置觀瀾亭前

坊

名吐潄清風金星賁集文衡山書今廢

坊

名瀑雪湧珠高騰遠題今廢
俱在呂仙閣左右
御書亭
內鐫
御書激湍
泉三窟
此趵突也水滙成池週圍廣數十丈上皆石欄
閣
係明運使張奎光太守樊時英邑令呂黄鍾建下前

一層祀呂仙後一層祀鍾離上前一層祀呂仙後一層祀文昌帝君今將閣後穿廊樓徹去兩旁别建東西二廳殊覺顯亮寬厰西又建廻廊三間

閣

後二層係順治甲午觀察何啟圖建

李公祠今改祀斗母

在呂仙閣後

道院

一所

道房

共計十三間

贍田

平田六十六畝在長清楊家庄係周龍甲置

水田十五畝明某公置

平地二十畝在泉南係南保里地方

乾隆三年廵撫御史諱三寶者題請修葺蒙

俞允發帑重修煥然一新誠千古一時之盛

趵突泉誌

沿革誌　　歷下任弘遠撰

叙曰曷誌乎沿革也誌乎趵突泉古今稱名之異也夫古今稱名之異又何必誌也誌其稱名之異以備遊覧者之知其詳也夫自有斯泉以來始名濼水厥後或名娥姜或名瀑流或名檻泉或名第一要之趵突之稱剏自有宋茍不詳而書之不惟至其地者有疑似之惑即卧遊牕下者亦生異同之見也故考今古舉聞見編録歷代之名稱是亦考古君子之一助也巳作沿革誌

三代

不見職方

春秋名濼

見春秋桓公十八年公會齊侯於濼

漢名濼水

見桑欽水經曰濟水又東北濼水出焉

南北朝名濼水

又名娥姜水俱見酈道元水經注

宋名趵突

見曾南豐詩記此名趵突之始也
又名温泉亦見南豐詩以泉水冬亦温煖故名
金名趵突
又名瀑流泉
又名檻泉見蘇子由詩又見元遺山記
元名趵突
見趙承旨張文忠詩
明名趵突
見一統誌及王新建等詩記

又名第一泉

憲僉晏公璧改見七十二泉詩

國朝仍名趵突

雖齊乘曰流曰趵突流曰濼東導曰小清要之濼水

趵突千載不易也

趵突泉誌

古蹟誌

歷下任弘遠撰

敘曰曷誌乎古跡也誌乎趵突泉古昔之盛慨乎今泯沒而無存也蓋代與時更物隨世變自有斯泉以來名存而寔亡者何可縷指如濼源歷山之堂娥姜勝槩之跡以及齊魯之盟會詩人之園亭苟非有以誌之幾何不銷歇於荒烟野蔓之中哉然則趵突之古蹟誠不可以或忽者也作古蹟誌

歷山堂

濼源堂

北堂曰歷山南堂曰濼源曾南豐知齊州建此以館客見齊州二堂記熙寧六年二月已丑建

勝槩樓

在泉西金人建見趙松雪詩

娥英廟

在泉側故泉有娥姜之名見水經注

通樂園

在泉西又名川上精舍係殷文莊讀書處見邑誌

檻泉坊

在泉門外金太守建故有檻泉之名見元遺山記

趵突泉坊

在泉門外今毀

呂仙祠

元遺山重建今改爲閣

明李對泉重修

白雪樓即來鶴橋南之樓乃滄溟先生未遇時讀書之

處今改祀李公

徐公祠祀學使徐仲章先生今廢在泉東

二十四泉舺堂詩人王秋史故居今廢在泉西

杜康亭爲歷人遊覽之所今廢在泉西

趵突泉誌

災異誌

歷下任弘遠撰

叙曰曷誌乎災異也誌乎災異之見於趵突泉也夫災異亦古今之所時有也似亦不必誌也誌夫災異之見於趵突之有關於歷下也如泉水涸則流不長無以灌郭北之田泉水溢則水旁溢有以壞左右之居他如龍首之竇泉水湧如山火星之亂零水赤如血是郭公夏五之所不遺者也作災異誌

元英宗至治三年六月濟南滛雨水深丈餘漂沒民居

及泉見誌乘
至正二年六月癸丑夜山水瀑漲衝東西二關流入
泉內漂沒民居千餘家見志乘
國朝康熙庚戌戌時地震傾圮軒亭及週圍墻垣
康熙間夏六月施方伯天裔置酒泉上邀提督楊宫
保捷及群僚飲忽大雷雨水自千佛山來平地深丈
餘群見龍首入泉門內樓閣傾圮池中所畜金魚盡
隨水去幸有木板桌櫈衆得獲免惟溺死梨園二人
見池北偶談

康熙癸酉二月十九日由子入辰天如火燒至巳漸黄至申漸白有星士章某者寓居泉上早起欲行見有火星亂落泉水如赤

雍正庚戌夏六月二十八日大雨連旬水忽自南山而下流入泉中泉水忽溢丈餘池亭皆壞漂没左右民居甚多而王進士苹二十四泉艸堂亦付流水郎先生詩所謂亂泉聲裏誰通履。黄葉林中自著書處。

乾隆甲子三月下旬泉忽作聲如雷將池中水盡吸泉眼内瞬息復自泉中飛騰而出高丈餘鄉人皆云

泉嘯又言康熙四十二年亦與此同

趵突泉誌

人物誌

歷下任弘遠撰

敘曰曷誌乎人物也誌古今遊趵突之人也夫古今遊趵突之人抑多矣遊趵突之人何能悉誌也誌遊趵突之人或有詩賦之歌咏。或有標題之記。載與夫捐貲以修葺相地以築室爲趵突之增盛也於是博採群書輯取誌乘自春秋以及宋元有明以及昭代得表表可傳者子固遺山子昂諸人焉作人物誌

春秋魯桓公

名軌惠公子十八年會齊侯於濼上

漢桑欽

作水經載濼水

南北朝酈道元

字善長涿郡人魏時爲御史中尉執法清刻爲時所

忌遂遣爲關右大使平生好學歷覽群書注水經四

十卷注濼水

宋曾鞏

字子固建昌南豊人仁宋時知齊州建濼源歷山二

堂于泉上有詩記其政績載邑誌

蘇轍

字子由眉州眉山人王安石時以諫青苗法出掌齊州書記沉静簡潔以文章名於時有濼源橋記檻泉詩

晁補之

字無咎鉅野人幼慧善屬文舉進士任司戸叅軍歷著作佐郎章惇當國出知齊州以修神宗寔録失寔謫知河中府有别濟南趵突泉詩

趙抃

字閱道任厲以琴鶴自隨歷官皆有仁聲卒謚清獻

有和張叔夜檻泉詩

金元好問

字裕之號遺山太原秀容人七歲能詩爲箕山琴臺

等詩禮部趙秉文見之以爲近代無此作於是名震

京師中第後遊齊州有濟南行記重建吕仙祠於泉

上金亡不仕兵後故老皆盡蔚爲一代詞宗年十八

卒金史本其所著

元趙孟頫

字子昂宋宗室人也善書兼畫水竹石人馬悉臻神境詩賦文詞清邃高古讀之使人飄然神往至元間同知濟南路有趵突泉詩至今膾炙人口

張養浩

字希孟章邱人僑寓歷下雲莊贈柱國濱國公謚文忠著三事忠告歸田類稿御史箴諸書有趵突泉詩二首子引官至南台御史

明王守仁

上卷　

字伯安號陽明浙江餘姚人弘治進士除刑部主事
起改兵部疏劾劉瑾謫龍場驛丞後屢遷左僉都御
史撫南贛因討宸濠功封新建伯謚文成弘治甲子
典試山左有趵突泉詩今刻泉上

陳鎬

字宗之會稽人成化進士官左都御史爲山東提學
校閱精嚴所著有矩菴漫稿有趵突泉詩刻於泉上

胡纘宗

字孝思天水人正德進士歷右副都御史巡撫山東

有趵突泉詩

王廷相

字子衡儀封人弘治進士與歷下邊廷實等號七才子歷官兵部尚書萬曆初提學山左節義文章並著於世有趵突泉詩

喬宇

字希大吏部尚書武宗議大禮率群寮極諫有賢聲在戶部時奉命禱雨岱宗有遊趵突泉記

王越

字世昌潛縣人景泰進士廷試日旋風掣其卷颺去
逾年高麗貢使携以上進占者曰此封侯萬里之徵
天順中巡撫大同成化十六年出塞有功封威寧伯
贈太傅謚襄敏公姿表英邁身經百十餘戰皆出奇
制勝動有成算鹽池之役半夜襲敵大勝皆能用士
之力喜爲詩粗豪奔放不事雕餙酒酣命筆一掃千
言弘治初按察山左刻詩於上

葉晃

字　嶺南人官山左有趵突泉詩

許邦才

字殿卿嘉靖癸卯解元與于鱗齊名所著瞻泰樓集海右集梁園集行世有過泉亭詩

張弓

字月梧爲諸生聲最著嘉靖丙午以春秋魁東省久困公車授淮南別駕著月梧集四卷有趵突騰空詩今刻邑誌

李攀龍

字于鱗少讀書於泉上來鶴橋南小樓上即題曰白

雪登第後與王鳳洲諸公號海内五才子又爲七子
爲比部初出守順德尋督學關中比提刑中州人莫
敢撓以法以母憂歸卒學者稱爲滄溟先生祀鄉賢
宗臣曰右心淵識王元美稱其峨眉天半有文集數
十卷世爭寶之子駒亦能詩今泉東之白雪樓乃後
人增建也後爲書院今廢

殷士儋

字正甫其先武定州人官大學士天資穎異以禮經
魁於鄉丁未登第讀書中秘隆慶戊辰知貢舉稱爲

得人歸田後築廬趵突之濱號川上靜舍卒謚文通
改文莊士林稱曰棠川先生祀於鄉有金輿山房詩
稿

光廬
字頵吾歷下人萬曆癸酉舉人任河南太康令著東
山存稿有泉上飲邊一丈詩

馬三才
浙江仁和人有詩刻泉上

王在晉

字康侯黎陽人任山東巡撫有泉上詩四首

畢懋康

南直人萬曆間巡鹽御史建書院於趵突泉東郎白雪樓也置學田贍士又蠲粟修閔子墓

樊時英

字瑞明號大瀛浙江仁和人萬曆巳未進士天啓末知濟南府出俸錢修學宫濬玉帯同建吕仙閣來鶴橋與明湖社陞福建提學歸里宅無長物府庠有去思碑亭今廢

張奎光
鹽運使司與樊呂二公同建呂仙閣
呂黃鍾
字初陽山西澤州人乙丑進士任歷城令行取户科
給事中歷任曹州兵備道亦建呂仙閣
公爵
字子輿蒙陰人歷官翰院謚文介著問次軒詩稿泉
上詩甚富
沈道全

字凝之四明人有詩

潘一桂

京口人有古詩一首

陸釴

字舉之四明人任山左學憲有趵突泉記

周繩

歷下明經字準齋爲侍郎周紀之兄不以貴介自居

能詩書有繪趵突騰空圖載邑誌

呂純如

南直無錫人天啟中巡撫修侶史與明湖大社先王
父振天公為所援取留心文教有趵突泉詩

張鶴鳴

字元平河南潁川人萬曆初任歷邑令修五龍壇入
蜡廟濬懷家窪凡興利便民者無不為之且媚風雅
陞南京主政後為兵部尚書行邊有功賜蟒玉年九
十流賊逼潁公率家族悉力拒之城陷罵賊而死事
聞贈恤建來鶴橋有趵突泉詩

邢侗

字子愿臨邑人官太僕卿僑寓歷下時遊息于泉上旼觀瀾亭爲涌輪取水經水如涌輪之句今舊額俱毀有詩二首

晏璧

字彥文廬陵人永樂二年任山左憲僉有七十二泉詩

彭徵

江西吉水人教授

賀一孚

曾山人歷邑令

陳鳳梧
字文鳴廬陵人任山東巡撫有趵突泉詩

俞憲
有和趙松雪詩

邊習
字南池華泉先生仲子著睡足軒稿即阮亭云野風吹落帽林雨忽沾衣者有題趵突泉新修白雪樓詩

熊相
字台峯瑞陽人有和趙松雪詩

李松

有泉上詩

何成慧

字仲轍天津人有詩

褚廷棨

字棨木無錫人有詩

范景文

字質公吳橋人萬曆進士初任東昌府推官歷任大

學士死懷宗之難有詩刻泉上

谷繼宗
字嗣興號少岱歷城人嘉靖進士詩稿焚於火有修觀瀾亭
碑記

李駒
字松盤滄溟先生子有陪王麟洲先生遊趵突泉登
白雪樓詩

葛守禮
謚端肅德平人官禮部尚書僑居歷下與殷文莊郭
南屏諸先生求乩呂仙有降筆自序傳

雍麓原

閩中人以嘉靖甲寅官山東監察御史見泉亭傾圮與大都憲吴中沈公召歷令李公從宜又移文郡守項公守禮自乙卯春初經始舊亭加崇基礎開疏夾河架以小橋督工則歷丞馮椿葺治聿新

閆爾梅

字古古江南沛縣人崇禎間孝廉有白耷山人集遊濟南有泉上詩

劉鴻訓

號青岳長山人歷官大學士著四素山房集作來鶴
橋記述呂仙事極詳

王思任
字季重山陰人歷官　著遊歷下記

王麟有記

曹玑
字子玉江陰人少有神童之目崇禎進士授户部主
事督餉清關警猝至嬰城固守以功晋郎中著有碎
琴諸集有題額在泉上康熙辛酉後裔曹禾典試山

左重裝今懸樓上

懷晉

字麗明歷城諸生遭闖逆之變遂焚棄儒冠終身不言仕進所著有易經輯要山居等詩唐豹嵓先生爲之立傳有和趙文敏詩刻泉上

任之瑞

字振天號栢溪居士山西洪洞諸生僑寓歷下爲呂中丞興明湖大社援取入社與萊陽趙伯濬先生同居社中有泉上送沈壽民之京詩後遭闖逆之變遂

不應試

邢大道

山西洪洞人號少鶴山人爲侍御公長公隱居不仕
著白雲巢集東遊歷下有趵突泉等詩

邊貢

字廷實號華泉歷城人歷官户部尚書居官有聲爲
前七子之一有自泉上歸登西城樓詩

劉應詰字子命山西洪洞人以明經任禹城令有泉
上詩著泰山蒐玉集

王象春

字季木新城人王阮亭先生叔祖也舉萬曆庚戌進士與關西文太清竟陵鍾伯敬虞山錢牧齋爲同年友掉鞅詞壇一時雄俊致仕後僑寓歷下有趵突泉並白雪樓等詩

國朝張縉彥
字坦公河南新鄉人官山左方伯有泉上詩
丁耀亢
字野鶴諸城人爲明末文士有和趙松雪詩
吳偉業
號梅村江南太倉人入　國朝爲國子監大司成聚
海內英俊辨論異同環橋門而觀者千人學者稱爲
梅村先生有趵突泉詩
魏裔魯

字竟甫栢鄉人康熙初年官山左盐運使司有詩刻泉上

陳維國

有泉上詩

葉承宗

字奕繩丙戌進士官邑令所著濼函集百花洲傳奇修歷乘載趵突泉甚悉亦有泉上詩因誌出己手不載今錄於詩歌部中

葛代尚

字開來山西人　有趵突泉詩

徐文偉

有泉上詩

郭奎先

有泉上詩

劉徹祚

字逢菴有泉上詩

孫光祀

號侘庭平陰人僑寓歷下歷官少司馬有和　趵

哭泉詩今刻泉上

太惺

號十彰馬陵山僧善書時人爭寶之有和趙韵詩載

泉上

嚴我斯

號存菴浙江金溪人甲辰科狀元及第康熙己酉典

試山左有和趙松雪詩

周龍甲

字霖公江南淮安人康熙初年任山左學政嘗買膾

田若干畞於泉上有詩

盛符升

字珍示崑山人官都察院監察御史爲新城王尚書

門人有泉上詩

潘取臨

字大也山陽人有泉上詩

張而闇

字邃子山陽人有泉上詩

趙其隆

字令至會稽人有泉上詩二首

虞二球

字天玉浙江會稽人戊戌進士巳酉由兵部員外爲

山左副主考有泉上詩

張綉

字孔繡淄水人有泉上詩

周惕

字子嵓山陽人有泉上詩二首

盛際甫

有泉上詩

唐夢賚

字際武號豹岩淄川人歷官檢討以建言歸里有詩行世內有趵突泉詩

楊予雍

有泉上詩

安嘉徹

有泉上詩

童子煒

字屺瞻筍江人有泉上詩

黄煜

字敦㫖晋江人有泉上詩

王苹

字秋史號蓼谷歷城人丙戌進士居泉上有二十四泉草堂詩行世有泉上詩若干首

高瑾

字山顔濟南人嵗進士工詩有趵突泉詩賦

蘇堯松

字雲木溫陵人有泉上詩

蔣景祈

字京少江南宜興人官同　著東舍集有觀㪷吳泉

古風二首

吳一蜚

字漢章長泰人有泉上詩

何龍文

字信周晉江人有泉上詩

黄晄

字麗方同安人有泉上詩

鄭緯

字哲象有泉上詩

鄭修典

字念寔有泉上詩

陳振羽

字孫維温陵人有泉上詩

錢肅潤

字礎日無錫人有詩四首

超全
字大輪閩僧有詩四首
任玥
萊州高密人巡鹽山東有詩刻泉上
鄭纘祖
字哲達有詩四首
陳俞侯
字鄰公晉江人任山左濟東道有詩四首
黃元驥

字天馭晉江人任山東布政使司修復泉亭刻邪趙

松雪詩集一卷

陳承棟

字肯公有詩四首

黄良佐

字健可晉江人有詩四首

黄奕振

字定可晉江人有泉上詩

鄭修允

字懷實有泉上詩

章啟陛

字十陳會稽人有泉上詩

周世德

字純武洪洞布衣善畫尤工竹蘭字亦入妙遊山左有詩泉上舊圖出于其手沒後山右巡撫某公以所畫竹進

上大加賞鑒其畫一時騰貴尺幅皆値數金文有千字石譜猶匪夷所思

蔣德懋

字彙美雲間人有泉上詩

林斌吉

字邦侯晉水人有泉上詩

林豸

字玉士晉水人有詩二首

章瑜士

字覲光會稽人有泉上詩

趙士逌

字潛夫順天人順治甲午孝廉歷官邑宰僑寓歷下與王阮亭友善在明湖同倡秋柳詩社有文集行世刻詩泉上

魏麟徵

有泉上詩

趙于京

字豊原歷城人辛酉孝廉歷官河南府尹有泉上詩

侯封公

字价藩陽信人康熙間進士有泉上詩

范爾梅
字梅臣山西洪洞人舉明經著作甚富德行文章爲
河東所仰遊歷下有泉上詩
王謨
字則文温陵人有泉上詩
何家駿
字日千螺陽人有泉上詩
吳自冲
字雲洲海豊人能善文寓居歷下多所賦咏有泉上

詩

余漢溥

字長源燕山人工詩文有詩二首

張應甲

字凌雲歷城濼口人舉邑茂才善操琴養菊吹簫爲

一鄉之望有和趙文敏詩

薛園

有泉上詩

宋撝謙

字泉公歷下明經善詩文兼長於樂府性愛山水於趵突泉尤屬意爲有竹居濼泉遺稿今載五言絕五首孫燚西亦工詩爲歷下所宗惜以副車終焉

戴本孝

有泉上詩

羊翺

有泉上詩二首

王維藩

有泉上詩

張應桂

字復我膠州人有泉上詩

宋犖

字牧仲河南商邱人以父文康公蔭補歷官大冢宰致仕歸有綿津山人集行世康熙間任山左觀察使有趵突泉詩

宋至

字山言牧仲先生子官翰有緯蕭草堂詩集内載趵突泉詩

施閏章

字尚白江南宣城人歷官侍讀有愚山詩集順治間官山左提學修復滄溟先生墓且衿其裔孫潔建橋於泉上有詩記

李興祖

號廣寧銀城人任山東鹽法道重建古歷亭於大明湖與喻觀察興歷亭詩社留心古蹟亦北海南豐之流有課慎堂詩集若干卷有趵突泉詩賦刻於泉上

田雯

字綸霞號山薑濟南德州人　進士歷任雲南巡
撫著山薑集行世有趵突詩歌等句
程可則
字周量廣東海南人官職方司郎中著有海日堂集
過濟南有詩並序刻泉上
王士禛
號阮亭新城人歷官刑部尚書為當代詩人之宗著
有漁洋山人書三十六種行世僑寓歷下有趵突泉
詩二首

嚴繩孫

字蓀友江南無錫人官檢討

徐元文

字　崑山人國初殿元歷官太學士有過濟南趵突泉歌今刻泉上

曹鑑倫

字　康熙甲子典試山左有長歌一首今刻泉上

周清湲

字　舉博學弘詞官翰林康熙庚午典試山左有

趵突泉歌

周統

有詩

嚴曾業

蔣焜

字　濟南太守有詩

朱雯

字　山左學使有詩

鮑復昌

字　旗人官運使有詩

任埶

字　江南人官學使有詩

王

字子陶河津人官學使有詩

宫夢仁

字　官學使有詩

楊廷耀

字　旗人官廵撫有詩

王棵

字　官臬司有詩

周世德

旗人官巡撫有詩記

王者鈴

號姑射山農河東人有歌

孫在豐

字　浙江人官掌院學士有題額

麻爾圖

滿洲人官侍讀有題額

明珠

字　滿洲人歷官大學士有題額

介山

字　滿洲人官禮部尚書有題額

高士奇

字江村官侍講有詩文行世有題額

覺羅孫果

滿洲人官副都御史有題額

伊桑阿

滿洲人歷官大學士有題額

常書

滿洲人官掌院學士有題額

張鵬

字南溟丹陽人官巡撫與方伯黃元驥同修趵突泉

及白雪樓有詩並題額

宋士勳

有

楊霖

有題額

何啓圖

有題額

唐廷琰

山右人有題額

楊提

廣陵人官提督將軍有題額

劉昌臣

金陵人官學使有聯

袁理

有聯

周士皇

湖廣人官巡鹽御史有題額

施天一

旗籍本泰安州人官布政使有聯

喀爾欽

滿洲鑲黄旗人字　癸卯進士官學使有聯在來

鶴

郝壽

字　滿洲人官巡鹽御史題石于泉上

王國昌

字　瑯琊人官巡撫有石刻在泉上

馮汝楫

字仙航歷下濼口人舉明經授東平學正未到任卒

著綠艸堂集有遊趵突泉和曾南豐詩

任嗣章

字大士運學茂才工詩文名在鹽法誌文學部中商

困行一詩刻呈

御覽著濼湄樓詩集有遊趵突泉和趙松雪詩

張文箕

字維南歷下太學生工詩文爲濟南名士有趵突泉

詩

陳嘉樂

字子顯號潁川年方弱冠善書能詩更擅繪事趵突

泉新圖乃其筆也

段敷采

字君白山右人太學生能詩客歷下有泉上詩

峻德

字　滿洲人官　有泉上詩

柳灝

字子貞長清廩生有趵突泉詩著菊譜甚佳

鄭鳳詳

字子虔原籍福建遊泮德州愛歷下山水遂爲歷人

五言詩追宗王孟有泉上詩

朱緗

字子青以明經補中書舍人著有觀稼樓等集有泉上白雪樓詩

張希傑

字漢章運學茂才工詩文有遊趵突泉弔白雪樓詩

劉鎮

字靖公山西洪洞人官刑部福建司郎中恩授光祿大夫予告後僑寓濼上築素園以延名士修邊華泉李滄溟兩先生墓嘗欲修趵突泉未果卒有詩

孔傳鐸

號紅萼主人曲阜衍聖公著紅萼詞行世有帝臺春詞

宋祖昱

字西洲山陰人自記前身爲陸士雲下筆千言立就名動京師所交皆當時名臣巨儒且重于義氣人以爲今之謝茂秦僑寓歷下有遊趵突泉詩詞

張潮

字景韓歷下茂才有詩

龔章

字逵菴長清茂才有詩

三寶

字有齋正黃旗人官蘆東巡鹽御史於乾隆三年題

請奉

旨重修

王亘繩

字梅岩乃王北山先生仲子也東昌茌平人

孫士瑩

字斐園蕭山人丁酉孝廉

丁鋐

字子冶邑茂才

楊紳

字帯存邑茂才

任夢菊

字九嶺茂才

康堅

字子固陵縣廪生有詩

劉繩伊

字康民號麗亭劉北部先生冡子任雲南戶部司員外郎嘗欲代予刻誌行世未果

李金枝

號山亭工詩能文屢試優等爲東郡名士

趙懷遠

字仔肩洪洞明經有泉上詩二首

田滋

字湄郁有趙松雪泉上詩

武全文

字石菴山西盂縣人參濟泉兗爲一時名臣有泉上

詩

趵突泉誌

仙蹟誌

歷下任弘遠撰

叙曰曷誌乎仙蹟也誌乎呂仙之往來於趵突也夫呂仙之往來誰從而見之又烏得而誌之也誌乎元遺山之見約李對泉之示句也嘗讀子史百家佛經道籙凡宇內名勝之處皆為福地洞天而斯泉雲嵐風坌碧瓦丹楹飛湍激瀑雪濤騰空想亦為仙人之窟宅黃鶴之駐跡也作仙蹟誌

金尚書省左司員外郎元好問字裕之號遺山太原秀

容人有道人嘗邀同食且曰吾家在濟南趵突泉上甚可樂也子能從吾遊乎元日有待數年後遺山過濟已忘前約矣遊泉上倦卧濼源堂忽夢前道人揖之曰久約不相憶耶何咫尺不枉顧醒而始悟因起過北岸入祠中儼然座上矣因爲重建此祠

李中丞戴廩延人别號對泉少遇一道人示一語云。仙人原爲對泉來。不解其故數年撫東士至趵突泉吕仙祠恍如前所遇道人乃新其祠宇毛直指在乃益一語云。勝地自逢開府闢。迄今揭之閣楹間

明歷下先達葛公守禮殷公士儋楊公溥王公家屏齋祓以迓呂仙降筆曰呂氏者仙也有跡已傳於世久矣諸子恐其未真而又索余親筆以爲之傳然余之逢諸子與諸子之逢余皆非偶然也故不肯辭乃直述之曰余本唐之一宗八耳名瓊字伯玉配金氏生子四長曰甘次曰羑次曰豐次曰克余少也有相士嘗相余眉稜目潤鼻聳頂長面修而潤鬚茂而疎真儒者之氣象但山林上一痣則當尅妻太陰下一痣則當尅子二者皆不善也獨喜鶴行龜息聲自丹田

中出是乃遇仙得仙而非凡庸之比矣時余尚未悟後思余十歲能文章十五好劍二十郎名時五十始登第且授官而治邑惟以德化人妻孥之胥慶也如彼長少之借榮也如彼於是始疑夫相者之人爲劣於相者也不意唐有日月當空之禍凡我同宗罹之者滅遭之者亡余甚恐是以棄四字而攜一妻流移於山下築於洞維兩口故更其姓曰呂因在山下故易其名曰巖時處洞中因更其字曰洞賓其後妻亦亡而身亦孤故扁其號曰純陽子肆觀宇宙之間寄

傲烟霞之外朝訪仙朋暮謁道侶瞻方壺眺員嶠遊玩十洲三島雲裏鶴馭虎嘯龍吟而功名富貴之私理亂安危之念舉不足在余之念矣於是始信夫相者之人爲善於相者也自今攷之由五代而宋而金而元而明世代不覺其九遷自艾而耆而耄而耋而台背而期頤壽已歷乎十變則遇仙得仙之言至是而益驗矣於戲以千載有餘之秘而一旦爲知巳者洩之然余尚有十八字伏列在旁似人而非人挽拘在下似天而非天未可以盡洩之也必俟諸子三與

之契而又至于十月之久然後可以與言此縣筆也
太守立碑泉上以昭靈異此傳又見游子六尺牘孫
君裘上陳眉公書

趵突泉誌

幽怪誌

歷下任弘遠撰

敘曰曷誌乎幽怪也以其幽怪之見趵突泉也夫卽見於趵突泉不過渺冥之事又何必從而誌之也不知古人於搜神紀異之書皆所不廢泉偶有此奇奇怪怪之事吾卽以其奇奇怪怪者而書之以供剪燈之餘話豆棚之閒談豈可執阮瞻無鬼之言而槩遺之哉作幽怪誌

泉上住持道人王某嘗語先大人曰一夕苦蚊不寐欲出閣步月聞欄畔有女郎聲初疑門下所致及熟視

之見春臺金疊筆硯箋牘之屬悉具俄一女郎吟曰。可憐弱質委黃泥。風雨離魂山下迷。原遺二字棠梨寒食夜。孤墳芳草杜鵑啼。一女郎相繼而吟曰。獲主羅衫血染紅。蛾眉逐劍化春風。憐儂惟有郊關柳。幾樹垂垂驛路東。又有一女郎吟曰。石上結盟不忍忘。黃金却聘爲蕭郎。柳溝一帶清清水。風雨淒淒總斷腸。又有一女亦吟曰。綉春院內王孫留。一曲千金翠鈿酬。人去樓空歌舞散。歷山秋月照荒邱。吟罷忽一青衣女侍曰婆提娘子相招倏忽不見開戸視之惟有月

色泉聲而已其事蓋在順治十六年秋七月十二夜
也
康熙庚午夏余業師袁先生吉南陽邱文學也以鄖陽
衛方伯録取讀書於白雪樓一夜忽有二人修髯方
面一清瘦蒼古皆緋衣烏帽自趵突泉來相坐燈下
辨論古今臧否人物無不悉中且多言前朝弘正嘉
靖間事師疑之詢其姓字里居云在泉東南菜家庄
一在泉西北栁溝上因愛趵突月色故夜遊至此雞
鳴辭去及旦偕同人造二處並無村舍惟有荒塚邱

隴翁仲華表半仆在地一題明戶部尚書邊貢墓一題明河南按察司李于鱗墓始知夜間爲兩先生云

歷下王生字某者美姿容愛遊山水癸巳夏應試省城因城內喧雜寓居泉上一夕獨步月下忽有女郎自來鵲橋來秀麗異人數數相盼生與之語女亦不以爲異乃笑曰妾鄰人處子也晝見君都雅欲托終身耳生喜甚乃共登前舊白雪樓遂訂幽歡雞鳴別去生問姓氏但啼泣不言唯留一絕云風流誰道妾黃泥千古芳魂傍月啼別去王郎須記憶鴛鴦塚上草

婁。婁。言訖不見下樓視之惟有皓月泉聲聒耳不已
每念舊好宿于泉上終無所遇

趵突泉誌

傳聞誌

歷下任弘遠撰

敘曰趵突泉曷誌傳聞也以其事不見之典籍相傳於父老之口也夫相傳於父老之口又何必誌也以其事近于荒唐而跡寔奇異也蓋仙人遊戲非宇內之所無而劍俠流傳誠古今所必有於是取父老之相傳爲遊人之觧頤亦斯泉之所不可廢者也作傳聞誌

明天啟丁卯來鶴亭壁上一夕忽題云。大仙何處黃鶴舞。來鶴橋通白雪樓。勝地自逢人作主。好風飄桂我

驚秋千家松菊山山月十里菱荷葉葉舟書罷新詩人不見漏輪亭上望悠悠群以爲仙筆一時屬和者甚衆長吏多羅拜其下云

歷下先達云明季時巡按某觀風濟南是日大風將貢院堂前樹爲風所仆上有鳥巢並雛皆墜落于地按臺因示一聯云風吹鵲巢二三子連科及地命生屬對一時皆無有能應者試期後羣至泉上求乩語云少待俟至一茶時忽見乩筆動遂示云雨洒猿穴衆諸猴帶露朝天諸生遂問何不郎書乩又示云无景

必目覩始成不能憑空卽有諸子相論不能信手拈
來因至湖廣山內群猿穴中望雨而成
相傳康熙十七年忽有百十騎自南山奔自泉上其人
皆魁梧奇偉豪爽揮霍或赤面虬鬚或碧眼紫鬚悉
戎裝佩劍刀若有所俟然少頃一少年至面姐傅粉
唇若丹珠朱履色服下馬而入衆皆拱立少年亦不
少遜竟踞上座群坐左右須臾盃盤交錯少年云諸
君胡不各試其技有一人下階舞劍左右盤旋但見
劍光繚繞不見其人又一人亦下階對舞渾如冰山

玉樹觀者如堵又一人縱身一躍能百十步之遠鑿
折亭檐凴空而亍旁若無人亦無敢詢之者日夕而
去大約是劍俠一流云

趵突泉誌

藝文

歷下任弘遠撰

天下名山大川不少矣所以不大著於古今者以無才人之標題韵士之歌咏於其間耳趵突之泉亦奇矣哉然郡乘邑誌雖已載之又安能盡斯泉之靈秀而無遺漏乎故遠稽宋元勝國近自　昭代名流或登眺而爲其勝概或遊覽而賦其清幽情以性生聲由景集泉之奇也不因之益彰哉況

宸翰之飛洒

天章之昭回文炳耀泉亭逈非培塿行潦杖策之所不至屐齒之所不歷者乎作藝文誌

詩

趵突泉

宋曾　鞏（見人物誌）

一泒遥從玉水分晴川都灑歷山塵滋榮冬茹温甞早潤澤春茶味更真已覺路傍行似鑑最憐沙際湧如輪層城齊魯封疆會況託娥英詫世人

題鑑泉亭

趙　抃（宋名臣諡清憲）

名泉從古冠齊邱獨占溪心湧不休深似蜀都分海眼勢

如吳分起潮頭連宵鼓浪擢明月當夏迎風作素秋亭上
主人留我語只將塵事指浮鷗

趵突泉　　元趙孟頫見人物誌

濼水發源天下無平地湧出白玉壺谷虛久恐元氣泄歲
旱不愁東海枯雲霧潤蒸華不注波濤聲震大明湖時來
泉上濯塵土氷雪滿懷清興孤

勝概樓　　趙孟頫

樓下寒泉雪浪驚樓前山色翠屏橫登臨何必須吾土嘯
傲聊因得此生簷外白雲來託宿梁間紫燕語關情濟南

勝概天下少試倚欄杆眼自明

趵突泉　張養浩（見人物誌）

繞欄驚視重徘徊流水緣何自作堆三尺不消平地雪四時嘗吼半天雷深通滄海愁波盡怒撼秋濤恐岸摧每過塵懷爲瀟灑斜陽欲沒未能回

趵突泉　張養浩

物平莫若水堙阻乃有聲云胡在坦夷起立若紛爭無乃滄海穴泄漏元氣精不然定鬼物摶激風濤驚

趵突泉和趙松雪韻　明王守仁（弘治間山東典試）

灤源特起根虛無下有鰲窟連蓬壺絕喜坤靈能爾幻郄愁地脉還時枯驚湍怒湧噴石奮流沫下瀉翻雲湖月色照衣歸獨晚溪邊瘦影伴人孤

和前韻　陳　鎬 弘治間山東典試

玉壘璘珣半有無金聲鏜鎝擁氷壺流通渤澥源何遠老盡乾坤勢未枯萬點明珠浮泡沫一川輕浪接平湖公餘徙倚觀瀾石四面清風興不孤

和趙韻　喬　宇 山西人著有名山記

濯盡塵襟一點無皎如寒露在氷壺風鳴雲湧聲先到歲

旱山空澤未枯定有靈根連海岱應教餘潤比江湖他年杖策遊王屋觧道尋源興未孤

趵突泉七十二泉之一　　晏　璧山東巡撫有七十二泉詩

渴馬崖前水滿川江心泉迸蕋珠圓濟南七十泉流乳趵突獨稱第一泉

永趵突泉　　胡纘宗山東巡撫

王屋流來山下泉清波聊酌思泠然雲含雪浪頻翻地河湧三星倒映天滚滚波濤生海底茫茫蕋蕚散城邊秋光一片凌霄漢最好乘槎泛斗前

飲趵突泉　　王廷相　河南人山東學使

濟水東來伏泉開湧玉林恍疑焦釜沸瀰訝石堂沉作澤隨雲遠成波助海深春回潛躍遂有羨魚心

飲趵突泉　　王越　濬縣人山東按察司

一泓清氣湧波瀾幾度曾於醉裏看玉杵亂舂珠顆碎冰壺倒浸雪花寒龍吹海沫潮聲急鬼剗山根石眼寬誰爲蒼生作霖雨天瓢携得上雲端

泉上歸登西城樓　　邊貢　歷人字華泉前七才子之一

落日照行蓋涼風吹不休未消歸水興還倚對山樓

飲趵突泉

葉冕 山東巡撫嶺南人

一脉原從天上來翻濤如怒震如雷千年玉樹波心立萬疊冰花浪裏開神液暗分天地髓靈光嘗護水晶臺飛龍有日還收去散作甘霖徧九垓

丁丑春日再過泉亭酒家二首

許邦才 號敘鄉歷城人有詩行世

趵突泉頭賣酒家板橋逈運跨河斜東風觧得丹青意畫出垂楊間杏花

吼雷噴雪更流霞味比中泠特地嘉醉後詩脾渾作渴旋烹雀舌摘藤花

趵突滕空　張弓歷城人字月梧

奪目驚人萬馬蹄一泓流出綠楊堤靜深逵透崑崙窟芳潤羞同河水泥噴薄源源誰是本波濤蕩蕩竟何棲人間那得常如此應有鼓龍地下嘶

濼源飲邊一丈　光盧號顧吾歷城人

尋幽到濼源相對倒金樽嵐氣連城白泉聲入夜喧綈袍知已在華髮故交存醉矣霜天曉依投月下門

趵突泉白雪樓　光盧

人去樓空濟水頭欄杆倚遍憶風流白雲黃鶴杳何處山

色溪聲共一樓長夜漫漫千古恨知音落落到今愁嶺南
大雅闢同調春鳥嚶嚶自可求

咏泉　　馬三才

碧水通靈穴芳亭俯淺涯源驚騰地出勢欲上欄斜散影
飄暗雪廻光落鏡花仙爐終日沸何處覓丹砂

登白雪樓懷李于鱗　　邊習（華泉先生仲子）

灤源風景冠齊州更築詩豪白雪樓人擬古今雙學士天
開圖畫兩瀛洲雲間黄鶴還飛去海上渚波欲倒流聚散
存亡餘感慨轉憐花鳥不知愁

題趵突泉　張鶴鳴（歷城令後陞兵部）

宓靈碎剪夜光綃笑擲波心雪浪驕倒捲銀河穿濼底遥揮海月湧江潮驚看乳竇投珠珮響應冰壺冷玉簫我欲掛冠從卜築抱琴直傍水西橋

趵突泉四首　王在晉（山東巡撫）

大地山河氣鬱蒸瓊漿珠瀑亂飛凌暗噓靈谷嘗分雨冷浏西風不見冰石鉢龍涎聲似沸海天鼉鼓急如鼛源頭何處通幽漠夜月寒潭水自澄

城市飛塵混莽蒼生來池館挹清涼噴珠滴瀝穿瑶島霏

玉依稀虔石梁太液波澄分振鷺昆明露冷墜蓮房净将濁眼嘗看世一曲滄浪引興長

銀海龍潜氣欲驕翻飛玉浪帶氷綃雷門日擊馮夷鼓帝女時鳴洞笛簫地闢靈泉凝帶雨風廻石塢忽驚潮酌将清茗甘於露俗眼塵襟亦可消

古樹千霄散早暉瀠源門外有漁磯鳳城曉色千巖翠龍窟靈泉百道飛清沁玉壺分沆瀣凉生甘露浥霏微混元晝夜長流逝莫向仙源問息機

趵突泉觀麥畦　呂純如

一隙靈源鬼斧開飛濤噴沫亦奇哉全將鮫室珠璣山並挾龍宮風雨來四面青山連埤堄千年白雪倚樓臺郊遊處處成欣賞況有甘霖發麥荄

趵突泉　　沈道全

靈源拓跡是何年突湧疑穿松底天濺石迷空晴亦雨飛濤噴雪夏猶寒明珠亂落天花墜玉乳長浮地肺聯我欲乘流窺海藏恐驚龍女駕瑶軒

趵突泉　　潘一桂

靈源幻不測潛液流無停山根凥泉腦隨地爭沸騰石竇

來怒雪沙際淆繁星隱雷曉壑霽急雨空堂清壯音薄霄
影跳沫洽風檽鮫人舞晴淚龍女摶春冰由沼括神瀑球
欄戟幽亭玲瓏納霞月浩渺涵空青元氣生不息靜見天
地英靈奇星遊目未敢投塵纓

趵突泉和趙韻　　俞憲

蓬萊仙子出山無誰遺瓊槳噴玉壺勢入滄溟元不遠脉
從王屋豈能枯鮫珠謾自誇三島雪浪何須羡五湖繫馬
夕陽看不足波心明月坐來孤

趵突泉和趙韻　　陳鳳梧

一鏡天光澹欲無忽驚平地湧氷壺層層雪浪長飛白混
混原泉不受枯千里伏流終入海百花環滙更成湖觀瀾
亭上中宵坐萬象無言月不孤

趵突泉詩　　熊相

近地名泉似此無聲如茶浪沸銀壺繡衣曉日雲烟潤紅
蓼西風渚浦枯石竇雪花疑蜀道樓頭城市類西湖倚欄
長見遊人樂幾度登臨興不孤

趵突泉詩　　李松

趵泉突出畫中無倒瀉瓊漿漾玉壺龍躍海門潮自出珠

藏淵底澤寧枯極知地脉通蓬島却遇天仙泛石湖此日
塵襟都滌盡歸迎雙鶴不愁孤

蚤觀趵突泉次岳爾律韻　范景文

誰使人意閒聽浪宜向晚誰使澄素心波靜快平遠何事
夌曉霞臨流茲亭幔爲愛燦冰花鬬此珠璣苑相鬬勢未
降碎擊琉璃散不比呂洪濤迷茫牛馬混不比錢塘潮狂
倒龍蛇戰比之匡瀑飛玉跳勝瓶建百泉瀉蘇門水嘯響
於玩璣崖堆珊瑚亂濺崩雪堰應是天液靈巧與地籍渾
渟泓不盡奇故此東而卷試取浣塵空噴薄省決　照之

鬚眉揚挹之醒沉灒寄語洗耳人此際堪嘉遁

趵突泉和趙韻　　何成慧

仙人橋上鶴來無時對方平白玉壺目湖星濤浮筏杳手捫雲壁挂藤枯侯王覇業鳥啼樹帝女殘粧花泛湖我欲騎鯨問明月笛聲吹冷嶽形孤

同友人遊趵突泉　　邢大道 洪洞人號少鶴山人

宿雨初晴暑氣無開襟晚坐小蓬壺傍池苔蘚青猶濕依閣松篁綠未枯深竇龍髯吹急浪空天鳥影下平湖抱纓欲賦滄浪曲一片鄉心對月孤

趵突泉和趙韵　　堵廷棻

檻中三躍動虛無，自是壺天別有壺。恠石久隨雲共激，桑田不信海曾枯。玉函倒碧涵瓊浪，金線爭浮轉鏡湖。酈注陸經傳未遍，最憐銘鶴水心孤。

乙酉孫孟樸赴都過歷下，同萊州趙伯濬設餞趵突泉　　任之瑞（洪邑茂才，字振天）

非關遊興減，世事只堪眠。賴爾恣幽討，相攜到濼泉。濤翻白雪浪，聲撼碧雲天。且盡一樽酒，明朝萬里船。

將別歷下　　補遺

宋晁無咎（宋濟南知府）

來見紅蕖溢渚香歸途未變椰梢黃慇懃趵突溪中水相送扁舟向汶陽

濟南雜詩之一　　補　金元好問

斫來官樹午陰輕湖畔遊人怕晚晴一夜靈泉菴上宿四山風露覺秋生

題趵突泉圖寄所知中有白雪樓　刑侗字子愿臨人善艸書

斯人不可見小築寵斯文雪色照粱月雲光清戸薰瀑急玉虹立石翻蒼苔紛我亦郡中士緬想空氤氳

其二

十載曾過此，重來興未央。馬蹄穿篠入，酒榼逼林香。碧揖南山夕，清邀北渚凉。畫圖堪省識，一爲寄川光。

趵突泉　閆爾梅 字古古，沛縣人

泓然一沼配江河，濟瀆精華爛熳多。伏液既盈無貯含，堅山相觸遂騰波。聲光發越魚龍嘯，膏澤紛紜士穀和。試讀楞嚴問消息，風輪火浣正婆娑。

陪王麟洲先生登先世趵突泉白雪樓　李　駒

先生敦友誼，千里到濟州。既弔青山墓，更登白雪樓。凭欄説往事，酒淚哭交遊。沾袖行行濕，真同趵突流。

遊趵突泉之二　　劉應詰

古木蒼山景色嘉白雲深處有人家珠泉細瀉千村雨雪浪高飛滿眼花水脉潜通滄海窟地形遥接太華砑耽遊不覺歸來晚烟鎖寒林照暮鴉

濟南趙劉二孝廉招同社諸友携余同遊濼泉

公鼒

高樓飛檻枕清河白社招邀喜並過海内詩才今獨步濟南名士古來多隣園徑路通花竹遠棹歌聲入芰荷貰酒不辭昏黑去城頭明月湧寒波

檻泉亭和孔教授武仲韻　補　宋蘇轍

連山帶郭走平川伏澗潛流發湧泉洶洶秋聲明月夜蓬蓬曉氣欲晴天誰家鵝鴨横波去日暮牛羊飲道邊滓穢未能妨潔淨孤高每到一依然

趵突泉　補　明王象春

嗟余六月移家遠摠爲斯泉一繫情味沁肝脾聲沁耳看山雙眼也添明

一名爆流平地湧高或至數尺蓋濼水之源也魯桓公十有八年公及齊侯會於濼則此泉在春秋已顯至晉

唐名賢題咏最多今片石無存即宋代蘇曾趙晁諸刻已盡況其遠乎李杜既憇歷亭遊鵲湖豈無詩及此余遊而傷之又思泉過奇勝何須標榜人以爲驚風雨泣鬼神之句自靈泉視之正堪瀆潑浣去耳

呂公祠　王象春

回老猶能戀此鄉遠時相約近時忘黄粱未熟人先醒可是泉香是米香

元遺山在太原有道人常邀同食且曰吾家在濟南趵突泉上甚可樂也子能從吾遊乎元日有待數年後遺

山過濟已忘前約矣遊泉上倦臥濼源堂忽夢前道人揖之曰久約不相憶耶何咫尺不枉顧醒而始悟因起過北岸入祠中儼然座上矣因爲重建此祠

白雪樓　王象春

荒草深埋一代文蔡姬典盡舊羅裙可憐天半峨眉雪空自顏樓冷暮雲

李于鱗白雪樓舊有二處其初至林下卜地鮑山則諸名公往來登觴題咏最盛者末年又築樓於城中湖上碧霞宮之側許殿卿贈詩所謂湖上樓是也今皆凋落

不堪士人不忍因於第一泉間另起傑閣要之非實于
鱗身後不但堂搆失守并禋祀絶續我　朝文人天福
之薄未有甚此者蔡姬乃其侍兒之最慧者不減蘇老
朝雲至癸卯年已七十餘尚存在西郊賣餅余聞之急
往視則頽然老醜耳因爲泣下周焉

國朝

歲旱趵突泉涸歌

葉承宗

辛巳泉涸宋人化我曰子無復泉是望蓋王屋之源已竭矣于是投袂而起走濼上痛飲而言之匪獨閒執讒慝之口也亦聊以自信云

君昔三尺噴蜚雪遊人塗壁多奇絶君今數奇溘然乾過客趦趄不忍看人情炎凉鎮如此不謂一泉猶然爾人生失意能幾時會見奔騰噴薄之乎嗟乎物不大蓄不大泄千載霸源焉能滅風塵偶困休嗚咽有我對君心尚熱

趵突泉　吳偉業 國子監祭酒

似瀑懸河處飛來絶壑風伏流根幻渺跳沫拂虛空石破奔泉上雲埋廢井通錯疑人力巧天地桔槔中

趵突泉和趙韵　張縉彥 山東布政司

千里青冥看欲無郝從石底出氷壺黄花煙冷流常伏碧海鯨翻雪未枯山雨時時噴絶壑天星夜夜落平湖仙樓此地騷壇在何處關河客影孤

趵突泉詩　丁耀亢 號野鶴山東諸城人

囊裹松花飰不無年來避地近方壺菖蒲九節根將老喬

木三株葉未枯雲接太行分岱岳水從王屋到明湖抱琴欲別成連去宦海茫茫月影孤

趵突泉詩　魏裔魯鹽法道栢鄉人

趵突由來天下無仙人何事覓蓬壺亭開銀練珠恒潤樓俯金泉浪不枯三島烟波驚灩澦十洲風雨遍江湖狂吟幸有杜康酒東道肯教客況孤

趵突泉詩　陳維國

閣臨幽壑一塵無數點瓊珠散碧壺鶴迹遥尋仙笛韻杜泉空羨酒腸枯澗分曲水廻沙岸樓接平嘸過野湖最好

客尋秋巳半黄花滿地莫言孤

趵突泉詩　萬代尚　山西人

寒溪雨過湛如無鳥影林光貯一壺大雅狂瀾此欲砥名賢壘濬未還枯蕭葭白露迷秋浦蘋藻西風净晚湖嘯石凭欄吾意冷遥天野鶩襯霞孤

趵突泉詩　徐文偉

偶從檻外看虛無雪浪層翻濺玉壺露冷松溪黄鶴瘦霜横秋浦紫藤枯地靈幻出珠三樹花棹歸來月一壺坐對回翁方外友酒儔詩興未全孤

趵突泉　施閏章 宣城人山東學使

勞生慚物役越郭就臨眺澧澧湧寒泉淵淵發地竅噴薄陽候舞顛倒湘靈笑荇菜冬、青蔥雪月皆照耀時聞獨鶴鳴回矚四山峭逝者悵如斯素心愜從好晞髮緬瀠溪盪胸隔要妙欲爲滄海歌誰同伯牙調

趵突泉　馮溥 臨朐人大學士

白雪樓何在空傳趵突泉一泓、珠散彩數尺玉浮烟噴薄蛟龍怒光瑩日月懸當年餘翰墨憑弔益茫然

趵突泉　郭奎光

北海詩豪今有無猶留白雪貯晶壺酒酒不管雲根瘦沸
沸常疑地髓枯一片冰心搖素影三株玉樹照晴湖剪波
日莫吟梁父潄石徒懶旅思孤

趵突泉詩　劉亂祈

黃鶴蹁躚事有無珠璣百斛湧方壺疎林夜靜千山暝凉
月秋歸萬木枯水瀉琴音傳玉屋雲連雁影落平湖歸流
坐對芙蓉老惟有高吟興不孤

趵突泉詩　懷晉 號麗明 歷下隱士

漾結水花大地無疑開仙市出方壺雲蒸三伏雪常冷澤

瀾九天雨不枯倒捲銀河催逆浪仰噴素練注明湖余波一任翻銅井何似清冷趵水孤

趵突泉詩　張應甲 字凌雲 歷下茂才

評遍靈源類此無菁菁藻鑑漾冰壺蓮開閬苑花常盛水出雲根脈不枯沇濼汪涵譚子國嵴華勢壯大明湖濯纓同奏滄浪曲韻似塤篪道未孤

趵突泉詩　薛園

萬斛純灰涚得無冷然莫若坐冰壺銀濤震地聲還激玉樹臨風影不枯蒼翠千尋環列岫空明一片徹平湖觀瀾

石畔徘徊久，谷應泉鳴聽不孤

趵突泉詩　　戴本孝

曾見名泉似此無誰翻沆瀣忽傾壺乳花争激頽波立幽翠不教寒藻枯同託氷心能貫石沸分鬥足亦穿湖相攜無限探源興春近旗槍椀莫孤

趵突泉詩　　羊翹

猶有韓陵可語無且教濯魄對氷壺尋來王屋源非遠摘向青蓮舌未枯百道奔泉通墻穴一泓淺荇漾明湖留題不憚捫蘿賦敢令前賢墨瀋孤

趵突泉詩　王維藩

鶴駕仙蹤事有無空留水閣對蓬壺盤渦倒瀉氷花立靈液分翻地脉枯山響聲應華不注溪流清徹大明湖何年遂刦登歸癖一枕寒泉興未孤

趵突泉詩　張應桂

仙跡靈根果有無獨留噴吐近蓬湖瀑空共說成河潤咽石今看畏洫枯三涌寒峰通碧澗一庭秋色淨平湖潺湲盡是齊民淚矯節從來汲黯孤

趵突泉詩　太　惺釋號十彰

佳游吟興不能無羞向名泉擊唾壺劍匣豊城龍氣現珠
分合浦蚌腸枯擬招雲鶴全非鳥幾帀烟花半是湖漫說
坤維洩靈秘歷山雙美信難孤

趵突泉詩　嚴我斯 浙江人己酉典試

七十名泉似此無凭軒坐對小蓬壺非關風雨山常響倒
瀉珠璣海不枯神女珮聲搖夜月仙人鶴氅下澄湖我來
攬勝停雙履一曲滄浪興未孤

趵突泉詩　周龍甲 淮安人山東學使

看到虛空盡是無誰將日月貯元壺三株琪樹生來秀一

點禪心坐去枯松雪陽春高雍露陽明白雪振鵝湖浮生常作烟霞夢泉石同吾總不孤

來鶴樓觀趵突泉　王士禎 新城人號阮亭刑部尚書

峯巒疑印渚魚鳥郎華林曲歌清暉集方塘積翠深伏流生急雪驚瀑起文禽坐覺微風入朱絃空靜音

晚坐來鶴橋聽道士彈琴　田雯 德州人號山薑任侍郎

欹薄歷山根遠注自王屋琴聲和泉聲清響滿空谷千載無賞音山鵶鳴灌木

趵突泉歌　田雯

十年不到趵突泉今夕觀泉頗跌蕩乍聽只疑地肺圻坐
人如聞江鼉漲澄泓一池竹樹深呑納千溪亭榭噴馮陵
呌嘯衆山響迸落簷花劈高浪白髪道士前致詞七十二
泉各殊狀獨有趵突絶神奇王屋倒瀉夸蛾劖崩裂不聞
海髓乾噴薄直從石竅上軒轅張樂列笙鏞白蜺掉尾飲
甕盎濼源百脈皆洑流此水不知安歸向鵲華屹立四扇
開面面諸峰作屏障我聞道士說泉源塵壒埽除神色王
岸幘振翮思騫騰如御樵風吹五兩錢塘勁弩射潮回廣
陵夜雨聽濤壯況從千佛巖頂歸春風緑酒供行帳波紋

夌亂菡萏出山脚彬駮桃花放及到此泉已昏黑泠泠月色照衣桁有客登樓蹋白雪何人吹笛送吟唱陂陀犖确泥路滑橋邊一鶴行相傍

趵突泉　宋犖（河南人號牧仲山東按察司）

觱沸驚看趵突泉來從王屋世爭傳署書留得　君王筆不數鷗波七字篇

趵突泉和趙韵　李興祖（銀城人號慎齋山東鹽法道）

纔看便覺一塵無仰灑天河儘瀉湖聲震石頭皆已活氣蒸雨脚不曾枯寒星浪迸遥從海霽雪濤翻直到湖自有

眞源誰解識朗然鶴唳白雲孤

趵突泉　宋至牧仲先生子號山言

歷下泉源趵突奇玉壺倒注自何時滿懷氷雪人爭和愧我曾無七字詩

趵突泉　吳自冲海豐人字雲洲茂才

漫從海外問蓬瀛雪涌三山日夜傾倒捲氷花噴濟水直噴珠浪沸齊城恍看鷗鷺池中浴疑有鯨鯢地下鳴仙人有詩從何至橋上鶴來孤影輕

趵突泉歌　周清源庚午典試

濟南名泉天下奇七十二泒揚清漪就中趵突更奇絕磅礴雲霧騰蛟螭未到泉邊數百步早聞淲淲轟雷怒複道間出錢江潮飛瀑分披水簾布小橋斜徑幽復幽涓涓繞屋都清流須臾却到泉邊立風雨颯颯驚龍湫崑崙山巔萬條綠突湧三堆噴寒玉鼉舞鯨吞勢不如冷翠浮烟坐堪掬海風簸蕩元圃碎島嶼空濛失晴旭抛來欲拾鮫人珠激處翻凝地無軸四時雪蕊迴風飛千頃琉璃浪花簇豈徒耳目共清澈頓覺胸襟洗塵俗百川效靈張水嬉翠華東來會萃兹朝宗趨向　天顏霽揮灑宸翰垂坤維蘷

龍侍從吐新藻燕許手筆何淋漓憑欄仰瞻復俯視躬爲
忭舞神爲怡吁嗟乎河山形勝、何地無氤氲、萬物歸洪爐、
神工鬼斧信不誣、東海汗漫何時枯、此泉不長復不竭、直
與造化同噫歈但願齊魯文瀾似泉湧颺拜賡歌慶垂拱

趵突泉　任玥　高密人

一陽氣始望蓬萊　宸翰新標萬象開共道海潮從地湧
臣聞星宿自天來鵲華遠映珠光接濼水中騰綉色催奉
命未能宣聖澤同心賴有齊川才

趵突泉　張鵬

烟霞來閣外珠玉吐甘泉蓬境生塵世銀河落瑶淵倒翻
波內汲冲破水中天若憶源流處清溪自可還

已未九月行次歷城施方伯泰瞻余臬使雷臣丹驛
傳圖南桑督學雨嵐周登萊介菴王鹽運千峯招
遊趵突泉　　徐元文

海石多幽蹟岱陰富名泉濼源觴可濫濟河棹足沿千絲
金晃朗萬顆珠嬋娟奇哉趵突水名起熙寧間潛流自渴
馬噴薄成迴淵波激山乍涌湍猛石欲翻神鬦沸不息急
箭奔無還瀄汨漂以怒怱怳神所甦車雷只奮地巖紳非

桂天可使羲輪浴成訬坤維穿欝伏厚巳積騰迅隱畢宣
皥觀囂濁蕩捫飲煩疔蠲一　未妨重三刺眞空傳上有
千霄樹詰曲如龍盤下有凌波藻襹褷若鳳翥風迴交鼓
盪日映相輝鮮靈漚體豈滯游瀾勢亦寬浩浩歷昏曉翩
翩下神仙翥虹白浪裹結蜃青雲邊臺館正峩嶪軒騎何
駢闐遥巖映飛竿澄水封張筵絲行維繁會清音良獨妍
轉作濠上想還勗逝者川行轍有成速俄爾分旃旟因念
李與杜來遊閱千年空留歷下作曾未觀瀑溪古人有遺
恨勝賞寧徒然

趵突泉

毛際可

選勝及茲晨聯騎出西郭闤闠厭喧豗披襟解塵縛賓從共招邀僮僕亦踴躍連峯杳無極指點識華鵲入門殊聞見　迺前復郤方池廣尋丈容藻縈瓔珞漸入俯長橋春冬無盈涸三泉湧飛流元氣相盤礴白日鬬雷霆神理不可度如觀釜底鬵誰鼓風中橐聳峙起眠鷗回翔驚舞鶴息矜奇絕寢夢還驚愕我生魚鳥性依棲戀林壑何爲走秦豫廿載同今昨枕漱雖云遲素懷于焉托

趵突泉詩

黃晄

似此靈泉世所無雪花二湧出氷壺非因激湍偏能怒自是源深永不枯起伏流長通渤澥逶迤勢遠入雪湖一泓翠色清如許留得空山夕影孤

趵突泉詩　　鄭緯

重來泉似舊時無野圃秋風正斷壺碎玉輕獻修竹冷圓珠亂點敗荷枯空山晝靜雷殷地曲渚人歸月滿湖帶得寒濤喧枕上夜窗凄斷旅魂孤

趵突泉詩　　鄭修典

泉上遊人無日無泉流倒瀉似懸壺雲蒸直訝龍鱗動噴

沸何愁蝌眼枯蜀雪三春消作水歷陽一夕化爲湖潭中
神物休騰躍萬里東來匣劍孤

趵突泉詩　陳振羽

雪花飛洒炎烝無好把氷心對玉壺欲向源頭尋出處每
從流急悟榮枯學仙祇自登蓬閣入道何人乞鏡湖回首
家山垂釣處白雲滿地一綸孤

和無聘先生韵應泰巖吳公祖命　閆興邦

負郭没溪脉脉斜一灣亭樹競清華乍摇銀海翻三島誰
湧瓊樓剪六花廉似使君惟飲水枕隨詞客共披沙江東

世德濠濼與長記城南看晚霞

觀瀾亭　孫有毓

泛舟曾醉大明湖今日觀瀾又一原碧藻順流翻鳳尾清泉急瀑漱龍珠亭開水面風來細樓對山顏月色殊徐過板橋凭眺望壁多麗句儘堪摹

趵突泉詩　盛符升

來鶴橋邊鶴有無環洲彷彿對蓬壺河源出地星常湧海眼生濤雪未枯千里濟流通濼水萬重岳麓帶明湖泉聲山色知今古池上空留仙影孤

趵突泉詩　潘取臨

源來王屋豈虛無千里潛行瀉若壺蜃市能成樓影幻鮫人何借淚珠枯空明雨氣傾三峽瀲灩晴光散五湖鶴駕虹橋時去駐群仙蹤跡未云孤

趵突泉詩　張而闇

天上芙蓉事有無。輕風相送到蓬壺。銀河萬里濤初瀉。玉澥千尋澤豈枯。神女弄珠遊漢水仙人吹笛過重湖秋空黃鶴飛來夜皓月波心一點孤

趵突泉詩　趙其隆

清泌仙宮塵到無依稀弱水繞員壺噴珠噀雪波常湧泚
石浮天澤不枯但供詩孤稱歷下肯隨歌舞出西湖留題
謾寄登臨興敢謂前賢韻未孤

趵突泉詩　　虞二球

煙波浩渺總虛無誰似清流激墜壺天籟吟風隨響答松
濤倒影問榮枯文瀾直透三峰頂灝氣平分一鑑湖饒取
酒泉洗夜月聲光不使白雲孤

趵突泉詩　　張綏

松雪詩傳墨蹟無仙源空自說平壺聽濤耳訝雷車吼觀

水心憂地胏枯雲閣逕連華不注鶴橋直接大明湖同來
摩壁尋佳句始信吾儕興不孤

趵突泉詩　周暘

清凉頻灑幻塵無檻外分明別有壺花簇青蓮生舌慧光
揺白練醒禪枯天空六月晴飛雪脉隱千山緑泛湖聞道
平陵名勝地果然泉上此稱孤

趵突泉詩　盛際甫

東岱靈源若有無泠泠終日對氷壺驚湍似覺雲根漏大
地寧愁海眼枯聽瀑層樓忘晝夜枕流西郭即江湖細書

松雪文成句散步高林與不孤

趵突泉詩　　錢肅潤

海外神仙問有無，窪然一竅現三壺。源來王屋向嫌遠，流去東溟未覺枯。乍訝錦江開玉壘，還疑鷺社洗珠湖。人生幸得逍遥處，肯使仙家蹤跡孤。

趵突泉白雪樓　　超全

泉上詩人宅有無，樓存白雪跨蓬壺。傾將雲竇千年液，潤郗霜毫一寸枯。華鵲兩峰高作柱，珍珠萬斛散爲湖。山川秀出才華盛，雄立文壇首不孤。

趵突泉詩　鄭纘祖

泉香疏入羽經無小杓遥分注茗壺看去酒醒回耳熱坐來詩渴潤陽枯清江雪色消春水古澗寒聲響夕湖却憶吾鄉尋九漈仙巖長倚白雲孤

趵突泉詩　陳俞候

人間佳境未曾無誰把天漿瀉玉壺自與江河爲浩蕩豈從溝澮論盈枯参差緑樹長依浦綽約青山半繞湖十里濤聲聽漸小夜來吟就月明孤

趵突泉　黄元驥

到此塵囂滌去無緑陰橋外正携壺源清自不因人熱流
遠還能潤物枯春雨桃花吹作浪秋風菡萏　爲湖吳興
詩句南豐記千載詞人兩不孤

趵突泉　　鄭承棟

閒來嘗得對泉無儘日呼童挈瓦壺信是觀瀾當有術方
知學海自難枯筆牀茶竈清依水竹月松風澹到湖爲想
春江横野渡舊山不隔暮雲孤

趵突泉詩　　黄良佐

似隔仙源幻有無平橋直欲跨遥壺陶郎北出流仍伏于

屋東來派豈枯不藉聲名齊嶽瀆每從伯仲見江湖山川依舊詩人老白雪樓高夕照孤

趵突泉詩　黃奕振

漻漻𠃌谷貯虛無雪浪三層湧玉壺幻出溫泉茲萊綠灑爲霖雨潤苗枯清靈不愧娥英水瀲灩何如西子湖遥想六橋烟景好北南峯似峈華孤

趵突泉詩　鄭修允

名泉尚說瀑流無誰改山堂號玉壺潛伏原從王屋遠朝宗直至沃焦枯寒聲忽作千峯雨秋色平分一曲湖最好

夜深明月照氷天浴出影同孤

趵突泉詩　章啟陞

鰲背三山擬似無雷轟玉女笑投壺祥符銀溢光初晃瑞
懸珠還澤不枯滿地雪霜驕白日一天風雨鬧晴湖盈虛
幾度川山逝水月年年伴客孤

趵突泉詩　蔣慶懋

罔象求珠可得無濼源長自矗三壺聲聞堪醒蟠龍夢澤
遠還濡涸鮒枯銀漢星沉翻宿海玉蓮地湧簇靈湖蕭踈
老樹臨高閣落日蟬聲倚杖孤

趵突泉詩　林斌古

竟有高僧卓錫無天然靈液瀉晶壺心應似水清堪濯酒可如澠湧不枯素漄洋洋迴雉堞晴波湛湛漾龍湖歸流欲奏清商曲目送飛鴻片影孤

趵突泉詩　林豸

西方入水此間無偏有仙源噴玉壺輪湧天機何日息脉穿地軸幾時枯石橋舊度千年鶴畫閣長歸萬傾湖光放佛山頻倒影泉聲夜伴一燈孤

趵突泉詩　章瑜士

來鶴何須問有無飛泉日夜湧方壺樓居原是仙人所丹井豈憂玉液枯遠岫林光浮翠黛遥天雲影浸明湖狂歌欲擊珊瑚碎逸響錚錚韻不孤

趵突泉詩　趙士通

水生天一本虛無湧出寒光雪滿壺名載娥姜同不朽源從王屋獨難枯六鰲噴浪珠成窞三島凌虛鏡作湖海內名泉推歷下仙人橋畔鶴來孤

趵突泉詩　魏麟徵

潛通王屋伏流無勢遠還疑出嶠壺三穴珠源聲倒瀉千

尋雪浪脉難枯浮光欲隱岱東樹餘潤還開歷下湖七十二泉誰第一蓬山閣外月痕孤

趵突泉詩　趙于京

欲況茲泉記得無十洲疑是第三壺濤聲晝靜山如幻雪影春遲樹不枯橋外頻來黃鶴侶閣中遥指白雲湖此間茅屋如堪結忍使滄溟書院孤

趵突泉詩　侯封公

謾說仙人跡有無到來此地郎蓬壺波翻今古聲猶壯勢閱興衰氣不枯穴裏丹田通造化詩中白雪滿江湖比年

縱飲荷亭上挹取清流意不孤

趵突泉詩　王謨

偶對清流俗念無登臨携酒滿金壺泉聲不斷松聲響詩思寧同客思枯帝女弄珠來北渚遊人艤珮泛南湖翱翔日暮忘歸去萬點疏星片月孤

趵突泉詩　何家駿

尋得仙源有路無三堆碧浪似傾壺樓臺蜃氣呈空幻風雨龍精攪海枯桑落偏宜浮玉液月明長是照珠湖頻來不厭泉頭坐望入遥天鷺影孤

壬辰再詠趵突泉　余謨溥

仙壇深處一塵無再濯凡襟到玉壺靈液盡從地底湧珠
源不向檻前枯晴雷大地驚三汲雪瀑涵風散五湖月上
香臺人静後一般清味豈應孤

趵突泉詩　吳一蜚

澎湃濤聲無日無斉觀彷彿入蓬壺由來地軸靈機運不
比桑田碧海枯噴雪光連明月嶠飛潮勢撼⿰山昔山湖經旬
重過娱心目詩酒未教客思孤

趵突泉詩　何龍文

王屋分源可溯無寒泉日夜噴氷壺到來塵境依聲淨坐
久禪心與水枯何代珠璣穿石竇只今風雨動平湖神仙
不見空留跡閒倚高樓月影孤

丹徒張中丞南滇晋江黄方伯天馭重葺白雪樓社

集紀事四首　　王苹

四山秋樹黄亂水聲可數開樓光景妍長筵衣香聚重張
嘆喈軍堂堂援抱鼓得句召吟魂不遠夕陽塢吁嗟一瓣
香空自存寰宇黄金屬何人白雪誰領取吾徒生其鄉遥
遥典型古睠兹宗風微相將硬語補愼勿倚南榮閒揮白

玉塵
檄來舊雨人清詩都上卷快風活水邊哦罷秋風顫頓憶
滄溟公詞場經血戰文釆老於菟中原奉最殿是時只弇
州投句如郢傳餘子各峥嶸秖充座末選令子復能文家
風應不變再傳胡飄零麥飯春風唁感之重遲回就菜燒
破硯
又有邊華泉先公稱五子亦有許殷卿與公起我里推挽
荷膚功大雅　如此華泉盛元音雅南差可儗殷卿自騁
宕于公門庸耳何當盡消沉淒斷貽秋士垣崩右史樓草

留題歸未得遊人漸散客心孤

趵突泉詩　　楊于雍

萬壑陰晴變有無梅花片片綴茲壺流來玉液曾添潤噴出璚漿那見枯雲影齊飛仙步闊波光一色滙題湖何當此地呼尼父歎息如斯道未孤

秋夜坐先世白雪樓有感　　李　濼號紹溟滄溟先生六世孫

明月松間照危樓獨自看泉聲當暮急山色入秋寒白雪先聲在青箱世業難葛衣寥落甚沾臆淚闌干

趵突泉詩　　安嘉亂

濼水透迤半有無琢氷爲瀑倒懸壺奔來鐵騎聲方壯逬
出鮫人淚欲枯近市樓臺還郡郭中天日月自明湖一從
海外傳名勝仙侶飛遊興不孤

趵突泉歌

曹鑑倫

連宵秋雨掩秋月濟南城邊流水咽朝霧四散晴雲開舒
眉放眼遊興發垂鞭騎馬出西門委巷泥深濕韡襪行行
徐至城西隅隱隱雷聲地欲裂紆迴曲徑叓石梁四顧人
家茅屋列黄花未殘桐葉落秋光漸老霜初結入門繫馬
林影疎驚見飛穴堆白雪去年此日梅嶺東羅浮瀑布洞

千折懸崖挂壁萬丈餘往往從嶺順下决未有此泉勢特
奇平波噴薄形高凸翻瀾騰湧滚滚來誰測深潭三里穴
源頭杳渺未易窮道士向前爲余説昔年六月起波濤怒
漲狂奔不可遏頃刻汪洋成巨津遊人驚呌避不迭余聞
此語久徘徊倚檻凝眸惟明舌高閣夌空俯曲欄攬衣登
眺忩怡悦點點齊烟在望中鵲華並峙峯巒巒題詠爭留
四壁多短墻面面皆石碣青苔扶去讀瑶篇姓氏雖在半
磨滅人事固知有變遷奚必紛紛計巧拙惟有此泉日夜
歸萬古如斯長不歇

趵突泉詩　童子燁

爲問靈根半有無三層噴起駕蓬壺地迴玉海流常遶天
倒銀河澤不枯乍看激湍奔月窟還驚濺雪落雲湖娥姜
遺跡知誰在空使氷輪照影孤

趵突泉詩　黄煜

源發天河到地無潛流九萬湧瀛壺盤空疑是蛟龍舞潤
下能滋草木枯霽映朝霞呈海市寒添春雨響雷湖自從
膺藻留題後長使輪亭影不孤

趵突泉　范爾梅

我來東國溯洙泗周覽名泉七十二欣兹三窟沸騰空萬
斛珠源混混至觀水有術必觀瀾驚濤激雪生餘寒玉屋
發源幾出沒萃而上升矗層巒縈余延佇泉之涘靈液瞬
息濚千里直欲乘風踏玉壺獨縮明月釣烟水

趵突泉

王者鈐

茫鞋漫曳探斜曛吐瀉聲雄遠近聞三尺浪花寒六月幾
層亭榭入層雲到來盡教遊人樂流去寧無事爲[illegible]爲憶
故園龍祠水野農只解灌田勤

趵突泉

周世德

名泉天下有難與此泉同拔地玉三茁撑天鼎足雄水清
灝世界雷震醒吾聾頓覺塵囂盡泠然若御風

趵突泉　王樑

濟水源頭見復藏清波迴注作滄浪樓高百尺擎寒玉樹
湧三珠泛夜光浸月似歌霓羽曲御風渾舞雪衣孃山川
自有真靈秀豈假人工可沸揚

趵突泉詩　楊廷耀

歷亭名勝甲青齊趵突泉開郡郭西萬斛夜珠侵幔入一
樓秋雨濺燈低雪飛晴日僧加衲湍激危松鶴易棲應是

地靈遨　睿藻水光山色有新題

趵突泉詩　二首之一　宮夢仁

翛然一閣峙靈湫逼檻淙淙自古流入望青齊誇大國何人白雪倚高樓花陰歷亂渾如雨鶴駕虛無更幾秋翹首直疑霄漢近人間誰信有丹丘

趵突泉詩　任塾

池邊偶靜坐颯颯似秋聲湧地珠璫觧凌空玉柱明激還濺客袂清可濯吾纓萬古長如此悠悠川上情

趵突泉詩　鮑復昌

一脉來千里突湧此三泉驚濤翻碧空頓覺乾坤別

趵突泉詩　　朱雯

泉底癡龍睡熟無誰施幽怪弄氷壺跳珠亂打雲根碎沸沫愁煎石髓枯濤浪拍天成雹雪黿鼉移窟走江湖千峯萬壑清無奈只有寒光伴月孤

趵突泉和曾韵　　蔣焜

策騎每欣來近郭探泉最愛絶纖塵恩波汪濊瞻　宸翰傑閣巍峩拜列真濺瀑四時渾作雨湧珠萬斛宛如輪題吟不乏詞流好爲企芳徽步昔人

趵突泉詩　　　　周統

七十二泉響獨清人工天巧兩相成氷壺若作旗槍勢澤國如聞閧沸聲幾度拋珠隨上下數行飛雪任縱橫幸逢聖主題池額騷客詩成應遠情

趵突泉詩　　　　嚴曾業

碧水涓涓吐白沙圓漚爭出勢欹斜倒從地底噴珠霰散落風前舞雪花聲雜懸鈴喧殿角影翻畫彩濕檐牙上頭宸藻分波立　天子曾經駐翠華

趵突泉和曾南豐韻　　　　馮汝楫

三窟阿誰此地分清冷滌盡古今塵乍聞潮湧疑非幻細看濤翻訝未眞三尺氷花噴白雪一池珠沫濺朱輪可憐共說温泉好和韻胡忘江石人

偕友人遊趵突泉　張文箕

幾度來遊第一泉况偕名士足流連銀花競看氷壺湧雪浪爭誇珠沫濺來鶴橋邊披石碣駐仙樓上寫瑶篇吟成高調醉明月頼有囊中沽酒錢

過歷山書院即白雪樓故趾張中丞重新爲生徒會文之所今以荒矣　朱緗

歷山舊書院偶爾駐吟鞭樓影空殘靄橋聲咽暮泉禿枝
饑鳥下深草斷碑眠剩有南山色蒼蒼到眼前

登白雪樓有感用杜玉華宮韻　宋祖昱

達人身後名疾風若飄瓦白雪著高樓崔巍起歷下吐詞
鵲華青振筆瀑泉瀉大雅既淪亡遺構亦瀟洒不辭粉飾
勞覺悟聲迹假故物餘詩篇舊邱獨羊馬況飲黃公壚風
流尚堪把濟南多誰為後來者

春夜同友人飲趵突泉和趙韻　任嗣章

觀瀾日暮點塵無淡蕩春風倒玉壺笑飲叵羅酒肥壯欲

和郢調詩腸枯銀濤亂沸垂楊月雪浪平翻青草湖夜色
泉聲誰是主凭欄相對歷山孤

趵突泉　　龔章

海右奇觀宇内傳氷花三樹脉相連霞光返照噴紅雨柳
色斜侵湧綠烟聲徹千尋雷震地寒生六月雪飛天浙江
潮汎廬山瀑不及家門趵突泉

和陸冲默韵　　孫光祀

璇源噴萬古地軸透鮫宮激盪攢空碧潺湲闢混濛神功
吞吐際元氣澹涵中徙倚消塵慮凴欄聽不窮

重過趵突泉

鄭鳳祥

濟南名泉七十二惟有趵突天下奇憶當總角過濟上蕭然高閣生風漪縱觀白練湧十尺波瀾百頃青琉璃華峯突兀峙北極錦川環繞南山陲來鶴橋成跨東西安置妥貼無偏陂杜康泉側亦可愛西流涓細何逶迤遊人閣筆寡題咏松雪雄峙千秋詞神仙有無事恍惚驂鸞羽客還停箕自成列傳書滿幅羅浮道士師鍾離何人妙手擅塲屋傳此阿堵張髯髭濟南大守雅好古大書深刻鐫豐碑碑成亭覆列橋上觀者如堵肩相隨山水清音增雅色回

風飄忽來靈旗而我百回觀不足坐卧泉上無停時邇來一十有六載饑驅奔走荒江涯東望此景寄夢寐何幸重過還支頤白鬚道士揖我入林立碑碣珓璃金碧輝煌偕尚可惜西子成蒙魋中朝貴人躭雅學泥塑袍笏羅生祠橋頭還訪呂翁宅令威羽化來何期再三嘆息騎馬去泉聲嗚咽疑生悲

觀趵突泉　　柳灝

仙子紅樓綠水前凭欄眺望興悠然誰移海窟三珠樹幻作天池十丈蓮濤激時濺花徑雨湍飛長拂柳堤煙爲愛源

深流更遠直欲浮槎向日邊

趵突泉歌　　峻德

歷下名泉七十二趵突之名稱獨步舊傳來自王屋山伏脈岱陰忽仰吐下馬卽來探此泉不管城頭天色暮未到先聞澎湃聲沼牆急轉垂楊路入門驚見湧輪水眼明如與故人晤白石方池三竇開崩騰晝夜聲不住一望直驚風雨會半空疑有神靈聚其一噴洦聲勢雄氷雹激射雷電怒迤北二竇氣稍殺飛沫翻珠類相附倒竭龍藏愁老蛟動揺蟾宮濕寒兎陰霏霽靄接湖山冷翠幽光沾竹樹

我時獨往雙清亭心目震盪神恐怖昔聞仙翁曾此游紫閣丹房白雪度來鶴橋頭鶴不來山日沉沉墜蒼霧向晚無人泉自流飛下風標雙白鷺歸來篝燈坐賦詩雲黑旅窓雨如注

趵突泉　段敷采

探幽何處遠塵埃第一名泉傍郡隈卓地玉壺噴白雪涵空寶鑑照蓬萊亭前　御墨依然在閣上仙翁去不回灌耳濤聲聽未了廣陵風雨漫相猜

趵突泉　張潮

不是名泉天下無何如玉樹矗氷壺鶴橋欵欵行蹤舊仙
閣層層望眼枯沸雪還輕尺馬郡噴珠欲笑癡龍湖從來
覽勝多騷興况值風前韻不孤

由趵突泉登白雪樓　唐夔賚

明湖春日最多情釃屐悠然逸興生來鶴橋邉王屋氷分
金山下叔牙城人因華鵲偏成賦泉爲滄溟倍有聲一任
公安添聚訟濟南誰敵舊詞名

白雪樓弔滄溟先生　王宜繩

陽春一曲雅歌成麗得千秋著作名下里憑他稱傖夫高

吟到底屬先生一時七子推宗匠後輩何人更主盟白雪
空傳壇坫邈登樓展拜不勝情

同山陰宋西洲燕山余長源同里范梅臣周絅武遊
趵突泉登白雪樓有感

爲愛泉亭好相携聯袂來池中湧碎玉戶外响晴雷白雪
樓還在青山人不回盛名今歇絕倚檻共徘徊

由來鶴橋登白雪樓觀趵突泉　王士禛

南郭山泉好登臨復此樓碧晴諸岫雨綠淡一泓秋曉日
浮沙蹟朗玕出靜流翳狀林木處吾意已滄洲

趵突泉雜咏五首　宋撝謙

呂仙祠

空具五濁體誰敢叩元眞祇尋貨墨客一丸乞濟貧

涌輪亭

獨坐泉上亭忽見亭中月魂魄俱清凉晶晶馮夷闕

來鶴橋

三山何處是翩翩白鶴來不聞語非是翻空復飛回

泉上

靈竅來千里元化從此洩元元湫難窮大道非言說

白雪樓

白雪名樓者陽春調自高郢中誰得和悵望空勞勞

觀趵突泉歌

蔣景祈字京少號南宜興人官同知著有東舍集

趵突泉勢真奇尤體物賦象難尋求濼源名義徵春秋分
蔛別濟誰窮搜我疑濟性最疾遒塞遏不得裂地浮又疑
海水載地舟巨鼇塌損飛輕漚火敦腦兒迷兩眸擺落星
宿來東陬細點散注波面鯫雪山中涌風雷斜目背突視
瞬不休恍聚百怪神靈愁咋舌仰看天上頭餘霞綺散雲
光流太虛萬象同一邱蟾蜍東出織阿遊山光隱見入半

樓弄珠之神虛無留江斐海姿驂銀虬金支翠旗隱幕篝
夜深彷彿聞清謳欹眠枕簟臨龍湫酣然身世吾莊周

九日登白雪樓　　宋云鉞

何必登高去且來白雪樓十年驚老大九日喜淹留泉沸
晴天雨山橫落日秋扶歸明月下哀雁滿前洲

趵突泉　　康　堅 字子同陵縣人廩生

鶴亭小憩乍聞雷信是仙源絕世開聲出氷壺搖五缶光
流玉洞逼三台珠茫時吐侵華檻雪浪晴飛濕綠苔歸去
清風攜滿袖同人把酒話蓬萊

同山陰宋丹厓新安黄西塘李厚菴丁子冶雨表兄

遊趵突泉用趙韵　劉繩伊

爭說名泉宇內無人間信是有氷壺羨渠吟興標題好愧我詩腸對景枯雪浪騰翻滚玉屑濤聲撼震過澎湖揮毫濡墨皆名士勝友良朋幸不孤

遊趵突泉用趙子昂元韵　李金枝

旗亭曾見主人無賀監還沽酒一壺筇杖漫愁錢獨少錦囊猶喜句難枯棲眞底事遊三島寄跡允堪陋五湖滌盡俗氛超世外伊誰識得旅情孤

趵突泉歌

清平文學 劉滋

久傳黄河之水天上來不聞氷花平地開又傳淮水出自桐柏山不聞雪濤驟湧亭榭間我來濟南城西隅白雪樓畔尋幽居旁有三泉曰趵突三柱銀根躍龍窟不啻廣陵風雨勢飄忽波頭平翻南山雲泉底幽咽東海渤閣上仙人坐相看兩鬢蓬鬆碧雲端檻外清音灌耳鳴不羨嘉州丁東灘院内道士感我意指點風鑪遥相示我作江南老桑苧與爾共品名泉之至味

遊趵突泉

趙懷遠

歷下廣名泉此間泉最别泓潭散萬頃突兀湧三穴噴礴驚春雷波濤響白雪蛟龍深處潛銀漢望中裂不慮東溟枯豈愁元氣泄觀瀾興不窮幽境真奇絶

再遊趵突泉　　趙懷遠

王屋山中水濟南郭外泉伏流來勝地迸出滙泓川倒噴三花樹横浮點點煙餘流無限意頻倚畫樓前

趵突泉卽事用趙松雪原韻　　田滋

層巒噴瀑事非無誰見氷花漾玉壺雪浪平飜三峽滿雲濤倒瀉百泉枯一泓信許凌滄海萬派全歸震鵲湖勝地

叟饒詩律細千秋韻韻幾會孤

趵突泉　　武全文

濼源沸出歷城南平地驚看趵突三七十二泉真第一悠悠今古湧泓潭

文

濼水　　漢桑欽作水經　後魏酈道元注

濟水又東北濼水出焉注曰濼水出歷縣故城西南泉源上舊水湧若輪謝云舊疑作奮春秋桓公十八年公會齊侯於濼是也俗謂之娥姜一作英水也以泉源有舜妃娥英廟故也

城南對山山上有舜祠山下有大穴謂之舜井抑亦茅山禹井之比矣書舜耕歷山亦云在此所未詳也其水北爲大明湖西即大明寺寺東北兩面側湖此水便成淨池也池上有客亭左右楸桐負日俯仰目對魚鳥極極下脫一字或是極望水木明瑟可謂濠梁之性物我無違矣湖水引瀆東入西郭東至歷城西而側城北注湖水上承東城歷祀李云疑作祠下泉源競發其水北流逕歷城東又北引水爲流杯池州僚賓燕公私多萃其上分爲二水右水北出左水西逕歷城北西北爲陂謂之歷水與濼水會自水枝津合水首

受歷水　歷城東東北逕東城西而北出郭又北注濼水
又北聽水出焉又北流注於濟謂之濼口也
濟水又東北（脫一逕字）華不注山注曰單椒秀澤不連邱陵以
自高虎牙桀立孤峯特拔以刺天青崖翠發望同點黛山
下有華泉故京相璠曰春秋土地名也華泉華不注山下
泉水也春秋左傳成公二年齊頃公與晉郤克戰於鞌齊
師敗績逐之三周華不注逢丑父與公易位將及華泉驂
絓於木而止丑父使公下如華泉取飲齊侯以免韓厥獻
丑父郤子將戮之呼曰自今無有代其君任患者有一於

此將爲戮矣郤子曰人不難以死免其君我戮之不祥赦之以勸事君者乃免之卽華水也北絕聽瀆二十里注於濟伏琛三齊記不音跗讀如詩蕚不韡韡之不謂花蒂也言此山孤秀如花跗之注于水也

又東北過臺縣北注曰巨合水南出雞山西北北逕巨合故城耿弇之討張步也守巨里卽此城也三面有城西有深坑坑西卽弇所營也與費邑戰斬邑於此巨合水又北合關盧水關盧水導源馬耳山北逕博亭城西西北流至平陸城與武原水合水出譚城南平澤中世謂之武原水北逕譚城東俗謂之有城也又北逕東平陵縣故城西故

陵城也後乃加平譚國也齊侯之出過譚譚不禮焉魯莊
公九年郎位又不朝十年滅之城東門外有樂安任昭先
碑濟南治也漢文帝十六年置爲王國景帝二年又郡王
莽更名樂安郡其水又北逕巨合城東漢武帝以封城陽
頃王子劉發于爲侯國其水合關盧水而出注巨合水西
北逕臺縣故城南漢高帝封東郡尉戴野爲侯國王莽之
臺治也其水西北流白野泉水注之水出臺城西南白野
泉北逕留山西北流而右注巨合水又北聽水注之水上
承灤水東流北屈又東北流注於巨合水亂流又北入於

濟

濟水又東北合芹溝水注曰水出臺縣故城東南西北流逕臺城東又西北入於濟水

齊州二堂記

宋曾鞏

齊濱濼水而初無使客之館使客至則嘗發民調材木爲舍以寓去則撤之既費且陋乃爲之徙官之廢屋爲二堂於濼水之上以舍客因考其山川而名之蓋史記五帝紀謂舜耕歷山漁雷澤陶河濱作什器於壽丘就時於負夏鄭康成釋歷山在河東雷澤在濟陰負夏衛城皇甫謐釋

壽邱在魯東門之北河濱濟陰定陶西南陶邱亭是也以予考之耕稼陶漁皆舜之初宜同時則其地不宜相遠二家所釋雷澤河濱壽邱負夏皆在魯衛之間地相望則歷山不宜獨在河東也孟子又謂舜東夷之人則陶漁在濟陰作什器在魯東門就時在衛耕歷山在齊皆東方之地合于孟子按圖記皆謂禹貢所稱雷首山在河東嬀水出焉而此山有九號歷山其一號也予觀虞書及五帝紀蓋舜娶堯之二女乃居嬀汭則耕歷山蓋不同時而地亦當與世之好事者乃因嬀水出于雷首遷就附益謂歷山爲

雷首之別號不考其實矣繇是言之則圖記皆謂之[illegible]
山爲歷山舜所耕處故其城名歷城爲信然也今[illegible]
北堂其南則歷山也故名之曰歷山之堂按圖泰山之北
與齊之東南諸谷之水西北匯于黑水之灣又西北匯于
柏崖之灣而至于渴馬之崖盖水之來也衆其北折而西
也悍疾尤甚及至于崖下則泊然而止而自崖以北至于
歷城之西蓋五十里而有泉湧出高或至數尺其傍之人
名之曰趵突之泉齊人皆謂嘗有棄糠於黑水之灣者而
見之於此蓋泉自渴馬之崖潛流地中而至此復出也趵

突之泉冬温泉傍之疏甲經冬常榮故又謂之温泉其注而北則謂之濼水達於清河以入于海舟之通于濟者皆於是乎出也齊多甘泉冠于天下其顯名者以十數而色味皆同以予驗之蓋皆濼水之傍出者也濼水嘗見于春秋魯桓公十有八年公及齊侯會於濼杜預釋在歷城西北入濟水自王莽時不能被河南而濼水之所入者清河也預蓋失之今濼上之南堂其西南則濼水之所出也故名之曰濼源之堂夫理使客之館而辨其山川者皆太守之事也故爲之識使此邦之人尚有考也

濟南七十二泉詩序

明 晏璧

有此天地卽有此山川山爲地之形勢水爲地之脉絡皆扶輿清淑之氣所種和順積中英華發外子在川上曰逝者如斯孟子源泉混混諭道體也文人才子適興而咏歌之者宜哉且濟南爲譚子國附庸於齊南距太山百餘里郡南三十里爲龍洞巖穴外阻而中豁徑路斗折而蛇行多怪石幽泉能出雲氣作雷雨泉脉環城內外凡七十有二曰趵突曰玉環曰珍珠曰漱玉曰醒泉曰甘露曰金線曰蜜脂曰白龍曰黑虎曰芙蓉曰柳絮曰金沙曰白公曰

孝感曰無憂曰洗鉢曰濯纓虞舜耕于歷山故濟南以歷城名邑有虞舜祠東坡先生書歐陽文忠公舜泉詩刻於石永樂二年持憲節來濟南休沐之暇與大夫君子升高眺遠凝眸而挹山色洗耳以聽泉流綺縮繡錯黛蓄膏渟誠中州之奇觀也抑天造而地設豈人力所能爲哉昔柳子厚嘗記柳永二州山水怪造物者不爲之于中州而列於　使千萬年不得一售其技是固勞而無用于神者今濟南環城不一舍許而七十二泉獻秀呈奇是造物者爲之于中州使千百年不得一售其技亦勞而無用于神者

亏故取而詠之惜無柳子之才足以發揚山水之勝詩成濟南太守太原楊有溶請鋟梓以傳且賀曰斯泉也閱古今而不能售詩而詠之是泉之遭也余遂書之以附郡誌云

建觀瀾亭記

王麟

濟南歷城之西有泉湧出幾數尺名曰趵突泉清冷與歷下諸泉特異古今名公鉅卿莫不以是泉為濟南景陽物中之偉觀凡駐節於斯者多結駟聯鑣以輸登覽之勝天順辛巳欽差中貴重臣韋公吳公來南公幹時往觀焉愛

其清泠特異有如玉壺瓊樹幻化蓬萊閬苑之間洗心滌目襟懷爲之豁如也乃於泉之旁得隙地搆亭以壯憩息觀覽之勝時欽差巡撫山東都憲賈公巡按侍御楊公李公因名其亭曰觀瀾俾言爲記夫惟斯泉之勝固足爲濟南之偉觀然根據其所自濟水始發源王屋山頂性下勁疾或顯或伏流注泰山之北與齊東南諸谷之水西北滙于黑水之灣又西北滙于栢崖之灣而至渴馬之崖泊然而止自崖以北至于歷城之西湧出而爲是泉則其源之有本其來遠矣豈人力搏擊强其性之自然而爲之也哉

孔子曰知者樂水紫陽朱子釋之曰知者周流無滯有似於水故其喜好在水也他日孔子在川之上又曰逝者如斯夫不舍晝夜程子輝之曰日往則月來寒往則暑來水流而不息物生而不窮皆與道爲體則夫觀乎斯泉之勝有非衆泉之可儷者固可以爲天下之奇觀也尚其思聖人樂水之大訓俾胸次之間天理周流無稍凝滯又思聖人水之與道爲體之深意自強不息身體力行之功見諸靜存動著之間則於觀泉之觀非徒觀其有得于身心而昭今夫聖人垂世立教之言則趵突名泉其有資于人人

也大矣若夫亭之所謂觀瀾者瀾乃水之湍急處是言其水之有本其立名昭示之義於穆淵徵凡登斯亭觀瀾之際又當求斯理於言外

重修觀瀾亭記

谷蘭宗

孟軻氏曰觀水有術必觀其瀾此名亭之意也東省以濟南爲首郡厥城西南當泰山盤麓之殲其平地湧泉三孔名曰趵突泉爲七十二泉之冠其瀾湍急上翻宛如噴吐珠璣錯落下還合衆流而長逝不舍晝夜夫子川上之嘆其在兹乎按禹貢爲流爲汶爲濟　史爲灤鄺道元水經

謂其源出王屋山伏見不常至歷山下大發滙于湖達于
河入于海矣以山川爲名漢爲邑爲國唐爲亭至宋爲州
曾肇以大常博士來知軍事分營二堂舍館使客亦弗歸
趵突延及我明天順辛巳撫按上公出禮朝命中貴使臣
於此見其旌節弗庇始于泉之南滸特構此亭名曰觀瀾
云西有門東有廚北有石欄記者謂見其聖道之有本源
也嗣是凡按臨監察勵功告成有不速之羨焉于時布政
使孫公　公按察使楊公咸文臣傑出都指揮使李公乃
武臣鋭發京兆劉公適以中丞左遷今昔歷任郡守藩臬

稔覽其勝監司道諸英僚莫不相謂曰見堯羨墻孰無是心况舜之躬耕之地有不仰止邪斯舉也非欲堯舜其君民哉若是而雍公懋譽不亦彰乎夫修節亭宇奉安勅印以敬君命忠也表揭地靈以育人才義也開濬水源以興民利仁也凡此三者非人臣之大節乎是故可以風乎百世之下矣雍公名焯臨洮人麓原其號也

觀趵突泉記

喬宇

山東濟南之名泉著于碑品十論詳于志傳于人口者七十有二在府城自金線珍珠以下在章邱自百脉淨明以

下在泰山自白鶴水簾以下在新泰自王　以下或取澄
澈或可釀或可已目翳或如垂練或縷縷如簾或色如玉
明如鑑皆不若城西之趵突泉其源出山西之王屋山下
伏流至河南濟源縣湧出過黃河溢爲滎西北至黃山渴
馬崖又伏流五十里至城西突冐而出爲此泉昔人浮糠
于源覓逹于此其泉凡三穴其出灘高尺許珠沫大湧土
人云數十年前高二三尺許豈氣有盛衰然耶其泉之周
圍皆芳草清蘭垂流帶波可臨可飲其出也又會諸泉入
城滙爲大明湖占城三之一　由北水門出與濟水合沛漫

無際又流爲小清河爲濟之南源經章邱鄒平新城界入海其歸也大其源也千里所以爲名泉之冠泉上有觀瀾亭余小憩于上亭壁有趙松雪詩因次其韻遂生策杖王屋尋源之興

對泉說

毛在

濟南之泉七十二而特稱趵突最勝余以九月受代入省適對泉李公東廵海上余同鄉先生太僕周公往觀之最後一亭凭欄觀泉極便獨左爲通衢往來雜沓無所障蔽而面當民居舉目若無佳境已中丞公從東廵還再携往

觀公謂左偏初有垣爲水衝激而圮今宜以木屛障之水泛則徹敝壞則葺葢甚便也西須築基竪亭相對有廢寺餘材可用乃命官鳩工而捐贖鍰百金以助幾兩月而落成有屛有亭而居民所植樹翼之週遭掩映大爲茲泉增勝公曰斯亭當有名将奚取爲余應之曰亭依于公以對泉名乎公笑而許之趵突泉平地湧出高至數尺　不竭性溫而味厚其注而北則謂之濼水逵小清河經華不注山東行會濟漯孝婦諸河青州北縣界而入海其發源最深而其流澤也最遠中丞公起家縣令拜諸官剔歷中

外所至膏澤及民其開府山東也入境之初旱魃爲虐公首登泰岱祈禱甘澍立降遐邇歡呼民之饑而無食也則請發粟以賑之民之窮而無能急公賦也則請蠲租以恤之凡可以去民疾苦而休養生息之者無所不用其極卽數月之間公之德澤惠此六郡生靈者淵深汪濊豈直斯泉云乎哉所謂寒泉之食公信足以當之此則對泉之義而亭之所由名也是爲對斯亭說李公諱戴河南延津人對泉其別號云

建李對泉先生祠堂記

趵突泉乃對泉李公撫山東時所創公歷覽七十二泉之勝而趵突稱最爰　園林營池館工既成與直指毛君飲於斯字其亭曰對泉亭義取其亭與泉相對而對泉又公之别號也直指題其柱曰勝地自從開府闢方含毫未續見一道人羽衣蹁躚揖而前曰仙人原爲對泉來轉瞬而道人不見矣嗣知其爲純陽祖師來臨也公由廵撫山左陞滙安總督節制　七省歴陞吏部尚書加少保兼太子太保歴吏禮兩科都掌垣立朝有清操正氣載在通紀享年七十有三晚年好道爲純陽祖師弟子賜道號真明檢架

上牙籤有呂祖師詩授修真密訣數卷焉公乏亂嗣余其從孫也忝倫山左臬司員行部東兗二郡覽泉流之勝拂看舊碑與童穉時所聞者若合符節又見甘棠遺愛父老猶稱頌不衰不勝凡杖栝棬之感焉爰捐資伯金為建李公祠以祀之以子孫祀其祖父余一人之私也有功德在人心士女于今謳思從而祀之又非余一人之私矣公諱戴嘉靖戊辰進士河南開封府延津縣人也

建來鶴橋記

劉鴻訓

天啟丙寅計鴻訓自海外來六年矣蓋强半病困且千日

将生平所遥慕于緱氏結想于喬陽玉笥金簡之披五圖九籥之事併晚爲無所用之付雲夣已久嘗攷列仙圖籍間以人世所傳純陽呂仙每現景塵界疎髯多鬚之殊榔魁乘塞巿笠獨行之異求一確據作焚禱恍遇之神不可得者亦泡語聽之已爾一日　大夫樊公大瀛以新建灤上來鶴橋紀石見屬葢夣喚夣余安知之惟是敦部　之義不可逆命耳夫余自丱歲游灤上見神水三泓或云海目出濟之坤方空瓏踴躍可數尺驚浣俗腸或留憩移時屏息浄慮若忘身在城市之側又女陴林詞天光上下宛

如入水壺而出瑠璃晶珠之界因嘆曰烟火闉隅何得有此渡板橋謁巋然之宇則呂仙祠葢廟初年開府延津對泉李公所建也讀楹間勝地自從開府闢仙人原爲對泉來之句詢之知爲毛直指無心之唱對泉公未及應一羽士指樓即埜俄夫所在者葢延津公家　時乩致仙翁有約會白雪樓語詎知樓爲仙祠前李滄溟先生夙築而今始應於李毛之觴此地所以祠仙翁也異矣祠初成一羽士題其柱云趵水新祠千尺劍遂山舊蹟幾行書非仙翁孰復有此自是輒爲好事者乩致一日與諸生期及往道

覯羽士黎貌毀爲少年生斥去抵祠致乩僉叩仙昜爽約乩曰適晤矣諸靈異狀不可更僕數濟人巳畧舉告樊公詎知公與仙翁夙因之奇不異延津公云巳酉涮榜時先期乩示雙口作伴三三是齊之句後聯名呂姓數符三三丙辰上公車未放榜公有故先歸行至汾水遇羽客赤脚長髯貌偉甚語公曰我以黃甲付汝矣俄捷書至又聞羽客朗誦偈句寄示點化者盍心知爲呂之幻出也公來守濟上一日旱禱得松風啤寒之句果連雨如詩意迨乙丑歲且抄鄭雪公再請雪乩示雪映山頭月月笑雪山低何

響答也祠就圯公業爲新之小板橋欹脆岌岌不可渡且逼窄有減游致遂與一二同事議更成之因移白雪樓前選材弘壯水中奠以石礫環三洞橋土可列方席俛仰顧盼覺遠岫蔥蘢流泉飛灑落酒杯中直可羽化而仙矣因題曰來鶴橋志望也坊榜曰遙山舊蹟郎取仙翁聯句既礲石將并志矣忽于乩雪中再示橋額云弱水立津又聯二一脫僞堪登岸忘機自有程一玉水流三島蟠桃致五雲蓋目前立　清貞虔人如此乃字蹟奇絕非人腕中可得者公再立亭示異令游斯地者時有髣髴恍遇之神乎

夫樊公自子歲下車多所完葺省會一爲改觀勞矣至仙祠與橋成則又羣心浩爽爲名泉增勝而公不言勞益祇氣際合匪現前之故耳因感余以海上餓夫憂居長白首相仍數年每咲談黃白人騙法財兩足之説妄希仙術而渺功行卽余所値都誠百五十餘歲人亦不免抱玉焚火金棺埋獨之誚豈無靈族邪乃李樊兩公與仙翁神契乃爾復以紀石傳劫之役屬不敏訓豈無荄于宿昔而三幻者乎是邪非邪附勒以請且再結恍然遇之之夢矣是爲記

跋王用生趵突泉詩

劉勅

歷下名泉七十有二而趵突爲最兩珠玉樹合晝夜似吐水花數丈仙樓摩雲霄而通帝座翠黛環宛虹橋畔青帘垂掛柳枝頭白雪騷人每操觚而作賦玄裳道士亦負劍以來臨香烟半雜茶烟樹色遙連山色即蓬壺閬苑不勝於斯故遊人常多題詠環壁盡是珠璣余爲詩甚多恐取揶揄未敢從右京口王用生長歌一章才華高邁語句驚人不作尋常囁嚅語無論璧間諸君子不可多得恐青蓮亦逡巡拜下風矣歷下名泉不籍賴以生色哉鐫之左方

觀者其勿易視

王用生趵突泉詩跋

趵突名泉余於雨雪風月之暇無不徘徊其上而未嘗為詩以諸名公題滿壁間和韻則其味索泛泛咏泉　瓦然葫蘆誰從性地中自寫真趣而語語如畫宛若大仙之乘鶴欲無又即此泉之噴吐翻飛而不作等閒觀也則有王用生一歌在

遊歷下諸名勝記　王思任

予僑居歷山書院幕僚張程二君以斗酒洽之漱玉亭上

觀所謂趵突泉者昔時劍標數尺而今僅爲抽節之蒲童子浴裸褻之王屋之氣日短一日矣泉也且泉之左于鱗先生白雪樓已別有所屬何處再中原吾黨也樓也

重修趵突泉記　周有德

古稱濟南山水絕似江南蓋清　交滙林泉秀潤澄湖蕭曠空明衍漾賞心欣遇洵非虛語其水源洌清激流縈注而趵突泉涌地濤發聳若三峰尤爲殊勝故四方遊觀者恒萃於斯余數從賓客燕息觴咏乃繕飾亭榭使每交代於此實公肅敬之所豈特爲天下奇觀之地哉顧以觴詠

五兵歎因循而葺理未弘時維嘉靖甲寅監察使麓原雍
公以關中英俊來按將期平友之餘見其泉亭傾圮喟然
嘆曰若藩國省署咸萃於此不但奉錫命中外重臣交際
之可堪者也况泉脉湮塞其於川岳鍾人利物灝氣不有
楸乎大都憲少吴沈公方以欽若保釐爲憂相籌有協由
是雍公郎召歷城李君從宜責以有司之職面受經畧又
自外移之郡守項君守禮催令調支贖金鳩集賦力申戒
惟明李尹祇承惟恪乃卜乙卯春初親履其所經始舊亭
加崇基礎增翼宇楝稍廣廊舍以止屬從又於亭之北對

立二碑樓以屏風雨亭之南開疏夾河架以小橋達　白
龍黑虎二泉流其下環亭東西而北迴又瀾穵趵突三泉
稍使浚發大會衆泉波泒長流曲注不啻灌漑稻田千頃
其川岳靈氣殆裒然呈禪若奇才豈不應時而出以接武
巍科魁第哉督工則委其丞馮椿亦惟勤至孟夏前曁諸
宮觀葺治聿新是爲丙午之秋距昔創始之時凡八十年
矣今量移祖道諸君子出郊引餞勝兹風景慨焉有懷留
題于石
國朝

重修趵突泉記

施閏章

山川之美靈異之區大夫士庶人群萃而遊者匪直耳目之娛所以望雲物節勞逸蕩滌心志也事有堙廢以時修舉吏用盡職上下以穌濟南多名泉趵突最顯源出河東王屋山爲沇水潛行地中屢伏屢見數千里而出于歷城之西南三穴𡚶沸高數尺水經注所謂水涌如輪者也流爲濼水達于小清河以入于海其上爲僊宮禱雨著異其橋曰來鶴跨泉之南其樓榭亭館之美爛若霞起賓燕咸集憑欄周矚仰而見山之青伏而見泉之潔且駛側耳靜

聽蓋未嘗不喟然興嘆浩乎其有得焉壤居都會郡兒裸浴爲水嬉飲馬踐蹂沙石阻淤向所稱涌起數尺者今僅尺許又其橋材弗良旋構旋圮遊人惴惴失墜臨觀不懽監察侍御程公來按是邦布令流膏修舊舉廢數月過泉上詫曰何泉之昔壯今弱也亟出俸錢命浚之閩章爲之經始上自

中丞許公藩臬郡僚諸大夫咸有助焉于是疏壅決滯所去沙石成卭劍扱雷轟復泉之舊召工師詢橋材對曰柳可三年榆槐可十年松杉可數十年杉爲上然南産也其

直數倍吾爲其難且久者遂[illegible]以杉施丹塗漆輔檻以翫橋下橫置聯鎖飲馬者不得至禁民毋褻污凡楔楄垣甓之頹缺漫漶者皆治而新之又爲橋瀨玉亭前三月落成齊人踴躍來觀咸謂其事舉工速同吾樂而不吾役也爲之謌曰清流激湍兮孰濬其源潜[illegible]出蟄兮飛虹蜿蜒又謌曰宣鬱導淤澤用不衰[illegible]然濟[illegible]用不褻君子戾止飲酒燕喜小人忭舞歌此樂[illegible]盛[illegible]章閒而異之此泉上之歌也而可得爲政之道焉是[illegible]以書

趵突泉詩序

黃良佐

余讀曾南豐齊州二堂記而知濟水自王屋發源至此突
出居人名爲趵突泉者是也濟之爲泉七十有二而趵突
珍珠最著唐杜少陵與李北海宴歷下亭泉石尚有遺址
李青蓮遊山東徃來于南池嶠山之間郡誌載二公遊跡
頗詳而此泉未見題詠南豐堂固有記泉亦有詩和者特
少暇日閱元遺山中州集見珍珠泉二詩而此泉獨闕迨
元趙松雪再唱明王陽明繼和其後作者遂多豈泉之顯
晦固亦有時耶余自香河暫解邑篆覲家大人于紫薇公
署署傍有軒即南豐所謂凝香齋也適家涓鄭遠公先生

同大輪禪師至因而徘徊泉上肅贈
宸翰遥企仙踪遂和松雪韻合諸公與家祖家大人所作得詩四十餘首可謂極一時之盛余謂不可不傳遂集元明以來凡和趙韻者彙爲一編以便觀覽至于泉之全詩自多佳什邑有耑刻故不復採蓋此泉三窟突起洶湧澎湃電掣雷轟如傾萬斛珠璣散于平地非松雪以奇崛之句强拗之調未易與泉頡頏而和者脫胄爭先聯鑣恐後如持赤幟以奪趙璧復洋洋乎鉅觀因思泉之起伏屈伸以顯晦于時者亦若與詩人相爲隱現山川雖舊風景維

新勝地固藉名篇長爲點綴者乎然則黃鶴樓頭豈必僅題崔顥之詩金山寺裏自應再吟張祜之句播揚風雅鼓吹烟雲余尚有望于後之君子

趵突泉賦

李興祖

歲維辛未時值春三移守瀛海轉運濟南理劇之暇名勝是探陟古帝登封之嶽造先聖在川之潭暨靈巖與僊亢及神洞佛龕既窮幽而極　亦目豁而情酣若乃平原泉湧來何超忽會城內外旁噴側渟七十二所出如呵咄超奇拔異尤稱趵突弩射冰澌丸抛雪窟如台星列如鼎足

九聲泙湃而上騰勢傾奔而下滑汲其碧可以瀹心揚其更爲徹骨知地肺之長滋識土脉之不汩由是仙人棲息文士怡情寄孤蹤於杭石結羣侶以濯纓覩其朦者純陽之閣差峩載之詠者松雪之鏗鏘晶宮擬其皎潔月鏡北其精瑩豈若大澤深淵渺茫灝漶方之舟之頻耽憂患即檻泉終遜其異而泌水亦讓其粲以彼易此智者所歎縱昔之稱甘醴名湯名冷亦止供口味之　何如此之響玉磬而傾冰壺資忖物者之賞讚斯可以邇遐將遠視小作大觀其値風雨也若驚濤駭浪之相迸其値雪月也若鮫綃

洛礒之交攢有時奏笙竽而和琴瑟靜夜清朝有時戲鷗鳧而翔鸞鶴拂浪衝湍舉星宿之海而源流不過如是極之河而上下可以同看然終莫測其所自而磅礴乎日月盪滌乎乾坤惟斯泉其永不刊亂曰源何自兮流何長我欲窮兮覓無方惟無力兮泉之始惟流長兮泉之常逝者如斯誰能悟其消息不息　爾予徒悵乎望洋思有本之語庶幾與道爲迴翔

趵突泉賦

高瑾

誰鑿歷山之坂忽湧濼水之源氣蒸鰲背波撼雲根

芰荷發而夏茂藻荇牽而冬溫既晴雪之壓天復晝雨之翻盆客子按圖以考盍原出王屋而沿溠流伏渴焉而咽吞羌空濛於華注山脚倏澎湃於譚子國門倚郭闢塘穿隍爲濇松謖謖以覆崖柳冥冥而藏室坐鳥道以行觴藉苔痕而歌縢暗香來兮稻花開清風吹兮蒲葉客輪蹄隔浦以相喧鷺鷥淺沙而羣睡迤逶而北復道迴廊有閣翼然呂翁仙房其南則矗青霄而植樹樹幾成蓋其東則橫絕壑而架石石可通梁憑檻西望酒帘輕揚簫鼓時發士女徬徨地

曠且偏林踈乃靜頗宜嵇康之癖更乘子猷之興春
颸拂而雪消宿霧收而鶯醒翠岫遠臨朝嵐作定觸
沫驚鱗澄光對鏡訝銀海之擎空喜珠瓔之奇橫落
落歷歷吐漱明淨豈非玉壺凝冰平地湧出而皎然
其四映者耶是泉也何突兀兮闢自太古方外三山
兮恍惚可數或涌如輪兮或覆如釜龍女散花兮老
蛟攤扈烟漲芙蓉兮錦帆飛舞吼半天之雷兮亦瀑
四時之雨不知其淺深兮自爲仰俯自爲仰俯兮與
人乎何取當夫初出谷口嘈呟鏜鞳如鐘鼓之競宣

及乎白浪驚飛蕩衝上下又如十里浮鷗明滅出没於江湖之天憶昔李杜之遊齊也逸情揮霍吟咏山川胡爲乎筆墨之靈獨靳惜於此泉抑世遠言湮而碑版其無傳幸有南豐二堂之記子昂濯塵之篇而後之覽勝者愈不能漠然矣迨乎甲子之冬

鑾輅東遊徧詢疾苦憑軔林邱羅左右臣鄰之博雅供

至尊擬騷作賦之風流　駐蹕觀瀾放眼悠悠萬派朝宗

天地一漚歎逝者之如斯悟至道之可求毫楮出於

上方奉侍嚴於從官　御腕神結書就激湍渾淪元

氣大力挽搏一時得意千古稱難夫以位崇九五曆

永支干梯航效順河嶽晏安爾乃厭薄繁縟忽會心

於奔騰淜湃之石灘彼黃塵赤日兮車馬衣冠對清

漣而移晷兮寧不發胸中之高寒亂曰黃河之水兮

來自天上兮茲何崩巨濤於地鎛兮滔滔汩汩兮曾

不間於晝夜兮紫綠萬狀兮嗟頃刻之變化兮惟茲

潺湲兮常明月之來射兮

與任濼湄書　宋云鈊

若溟先生風雅正宗其遺跡之僅存者惟有文集一書弁

州一傳趵突泉之白雪樓而已文集一書版既敗毀而後
裔單微其存否既未可知而散在文人學士几案間者亦
鈌有間矣惟弇州一傳舊在白雪樓中是與傳爲存亡者
係白雪一樓而與泉爲盛槩者又繫白雪樓也迺自改建
御書亭後遂障白雪之門矣四方來遊之士誰知此爲雪
雪樓哉典制紛更朝夕易置官若旅人署如傳舍司風雅
者既無其才與右蹟者誰肩其任而白雪樓於是乎廢矣
加以風雨不除鳥鼠不去且遷其材木葺補營房向之輪
奐翬飛堂宇鱗次者今則頹垣亂石荒煙蔓草而已及今

不治後亦難圖雖白雪之樓巋然尚存然亦斷椽零瓦漸就蕪没嗟夫斯樓若泯則弇州之傳滄溟之主亦將爲薪爲爨而已千百載後又烏知有滄溟者爲吾鄉風雅之正宗而白雪爲趵突之勝槩也哉今趵突泉賴鹽臺三寶公題請重修鹽道徐公有興復斯樓之志吾　兄豪情雲上尚友千古向者劉比部靖公於華泉滄溟兩先生築其封土復其阡隴植其豐碑表其墓道皆出吾　兄獎勸之力白雪樓苟能再飭詎不先後媲美乎聞先生與道台有舊幸有機緣宜乘時勢吾輩老矣桑榆日迫流光迅邁倘早

就厥事誠鄉國之大幸抑亦吾兄所恃以千載也又豈但鹽法趵突諸志萬萬哉惟吾兄實圖利之

趵突泉記

宋曾鞏

按泰山之北與齊東南諸谷之水西北滙于黑水之灣又西北滙於栢崖之灣而至于渴馬之崖蓋水之來也衆其北折而西也悍疾尤甚及至于崖下則泊然而止而自崖以北至于歷城之西蓋五十里而有泉湧出高或至數尺其旁之人名之曰趵突之泉齊人皆謂嘗有棄糠於黑水之灣者而見之于此蓋泉自渴馬之崖潛流地中而至此

復出也趵突之泉冬温泉旁之蔬甲經冬常榮故又謂之温泉其注而北則謂之濼水達于清河以入于海舟之通于濟者皆于是乎出也齊多甘泉冠天下其顯名者以十數而色味皆同以予驗之蓋皆濼水之旁出者也濼水嘗見于春秋魯桓公十有八年公及齊侯會於濼杜預釋在歷城西北入濟水自王莽時不能被河南而濼水之所入者清河也蓋預失之

詞

咏泉帝臺春

孔傳鐸

莎雨環碧遥山翠凝滴幾道虹梁自古傳聞蓬萊仙跡誰向濟流凝復處猛激起銀濤三尺鎮長久雪片雷聲終古不息　轉磬石勢無敵　全力不愁溢待汲取烹茶沸松爐早使我風生雙腋况復危樓高聳漢倚欄收盡空濛色向此際登臨不放懷怎得

題趵突泉呂仙祠　百字令　　宋祖昱

仙人祠宇問前塵已往尚留遺躅雲白山青應似舊只少臨流冠服地湧三花天開一鑑照影寒潭曲風泉滿聽嘯聲猶在林木　重來未省何年有情空悵望此時心目鐵

笛音沉龍劍杳辜負當前醽醁海嶽孤行烟霄片羽待我騎黃鵠城南椰樹幾回還颭春綠

秋日遊趵突泉　秋夜雨　　孫士瑩 字斐園蕭山丁酉孝廉

蓼紅水碧賓鴻咽叫入愁緒如結消不得客況絕靈泉鬧閱鶴橋轉入仙閣畔滾滾驚平地翻雪此際向誰說獨自對秋風殘月

登泉上白雪樓憶舊　秋波媚　　丁鋐 字子治邑茂才

春前共登畫樓中倚檻話東風井梧落翠蓮房墜粉又是秋空　遙山遠水斷魚信何處覓賓鴻倩誰傳得今朝悃

悵向日懊儂

弔泉上白雪樓 憶王孫　　楊紳 字帶存邑茂才

萋萋芳草對斜陽白雪樓荒空斷腸燕子無情水面忙月昏黃惟有泉聲嗚咽凉

春日遊趵突泉 浣溪沙　　任夢菊 字九嶺茂才

幾日泉頭芳艸生更兼新柳添詩情到來盈耳春濤聲閒倚雕欄沽美酒看他錦鯉唼青萍畫橋高閣似蓬瀛

趵突泉誌

金石誌

歷下任弘遠撰

敘曰曷誌乎金石也誌乎碑版之刻於趵突也夫碑版之刻於趵突胡爲乎誌也以其所刻之詩文皆能歌咏乎趵突之勝與其所書之石皆有銀鉤鐵畫之奇也夫寒山片石溫子昇以爲可語金石十卷李易安爲之序編苟不從而誌之風雨之薄蝕沙草之沉埋勢必有右碑無字之嘆矣作金石誌

御書石刻

御書激湍石刻

在呂仙閣前上有圓亭

御書趙松雪詩石刻

在泉亭前上有圓亭

御書古風石刻

在來鶴橋北今移

御書趙松雪詩碑亭前

呂仙像石刻有二

一在來鶴亭內明肥令王惟精寫太守樊時英贊並

載呂仙自叙傳

一在來鶴橋北廻廊內

白衣大士像石刻

姑蘇邵堅寫

觀瀾亭石刻

明山左方伯通州張欽書

趵突泉石刻

明天水胡纘宗書

氷心玉立石刻

郝壽書在泉亭東

雪浪晴雷石刻

瑯琊王國昌書在來鶴橋南

奚達時湧石刻

佛倫書在呂仙閣東

呂仙詰

周龍甲書

感應篇石刻

周龍甲書

陰隲文石刻

周龍甲書俱在來鶴亭內今俱移置別處

諸名公題咏石刻

在泉間壁上除損壞無蹟者見存六石一百四板

歷朝碑文石刻

在泉上共計二十七座

活水源頭石刻

在泉池內

趵突泉誌

額聯誌

歷下任弘遠撰

敘曰曷誌乎額聯也以其標題於趵突也夫標題於趵突何必誌也以其爲

宸翰之飛洒公卿之潑墨也葢一字之品評尚有借于文士而數字之聯語不無頼於高人况煌煌

御墨濟濟名卿之巨筆也於是於存者書之以增重去者書之以不忘作額聯誌

御題匾額

激湍康熙甲子孟冬書

潤物

源清流潔

俱在泉亭內

舊東宮題

滌慮清襟今去

在泉亭內

飛濤扈從臣掌院學士孫在豐

漱玉內閣侍講麻爾圖

灤瀾大學士明珠

洄瀑禮部尚書介山

俱在泉亭東壁

珠淵侍講高士奇

挹清副都御史覺羅孫果

濺雪吏部尚書伊桑阿

飛泉掌院學士常書

俱在泉亭西壁以上八匾今俱廢去

蓬山舊蹟

在來鶴橋坊上

涌輪　張鵬　今改

噴薄珠圓　宋士勳　今改花開洞口

湧雪　楊霖

俱在呂仙閣前下層東西坊

天上正果　何啟圖

呂仙閣下二層

徹地通天

呂仙閣下三層

祿文總司

呂仙閣上後一層帝君前

蓬境 呂仙降筆手題少華菴何啟圖録

夜光樓 明江上曹玑書 禾重裝

參贊化育 山右唐廷琰

俱在呂仙閣上前一層

趵突泉 楊捷題

大門

聯

七十有二泉自數仙源第一

一千八百國應擬勝地無雙 金陵劉昌臣 今廢

勝境自從開府闢

仙人原爲對泉來 明毛直指書

俱在呂仙閣下前一層柱上

仙風拂雪濤兩袖瑞光爭日月

鶴駕來瑤島一囊丹粒壽乾坤 袁甲

呂仙閣下一層呂仙前

惟蓋初張尚憶廣陵翔白鷺

珠璣紛落還疑星宿泛仙槎乙酉周龍甲

在呂仙閣下三層鍾離前

源沂伏流側坎碎珠成萬斛

岳鍾間氣飛輪碾雪湧三堆武昌周士皇

呂仙閣上前一層

空山何處來黃鶴

流水無心嚮白雲

呂仙閣上前一層呂仙前

泉聲傾萬斛源源時出無停沛澤長流環海岱

水勢映三台滚滚上行不竭清光位射動星辰旋矣

任二層堂柱

趵突新詞千尺劍

蓬山舊跡數行書呂仙

在來鶴橋北

錦綺霞明千尺雪

玻璃風漾一池珠喀爾欽

在觀瀾亭

趵突泉舊無誌也有之自
季父灤湄先生始季父幼負軼才性好吟咏及壯遊四方
所交皆當代宗工以故詩古文詞蔚然成家又喜表彰前
輩搜剔古跡一日閱王尚書夷語考乃喟然曰夷語遠在
他邦而先生乃筆而記之至於趵突泉爲吾鄉勝地胡惜
殘膏剩馥而不一及之與於著書之暇傳考羣書廣徵傳
聞而且近詢諸父老幽剔諸苔蘚凡泉之所有者在所取
泉之所無者在所逸成書二帙列目一十有四命弟繕寫
命龍雪校正字訛今成卷軸將授棗梨噫漁洋先生有知應

亦許其代補鈌畧也尚有明湖小記灤口記聞等書相繼
而出此特其一　斑云甞
乾隆七年歲次壬戌中元後三日侄夢菊謹跋於挹翠山
房

泉城文庫

傳世典籍叢書

尚書大傳

儀禮鄭注句讀（上中下）

漱玉詞　漱玉集

稼軒詞疏證（上中下）

靈岩志（上下）

趵突泉志

齊乘（上下）

濟南金石志（上中下）